知識ゼロでも楽しく読める！

アドラー心理学

東洋学園大学教授
しまうまカウンセリング
鈴木義也 監修

はじめに

　今回、このアドラー心理学の本を監修させてもらいました。知識ゼロでも読めるように制作されている本です。各章は見開きの簡潔な文章とイラストからなっていてサッと読めるようになっています。トランプのカードをまとめたようなつくりですが、めくっていくとアドラー心理学の姿が段々見えてくると思います。

　アドラー心理学は単純で常識的な論理なのですが、独特の言葉や概念があったりして、案外難しいところがあります。わからないところは飛ばして読んでも大丈夫です。ジグソーパズルのように全体が見えてくると、あとからわかってきたりします。

　アドラー心理学の本は近年沢山出版されていますし、ネットでもよく取り上げられています。そういうものに触れた方は、この本で新しい見方に出合ったり、同じことでもくり返すことで深く理解することができます。

　本で読んだことが単なる知識として断片的に記憶に残るだけでなく、生活とつながってくると身に沁みてきて血となり肉となり、あなた自身の生活や考えに役立つようになります。アドラー心理学はそうすることができる総合的な心理学です。アドラー心理学がカバーする領域は大変広く、誰でも何にでも応用がききます。

誰にでもというのは、学生、教師、社会人、家族、専門家など年齢を問わず使えるものですし、何にでもというのは心理学に留まらず、医療、教育、福祉、司法、行政などの多様なジャンルに適用できるものです。大風呂敷を広げたように聞こえるかもしれませんが、アドラーは特定の専門領域を狭く突き詰めるのではなく、最終的には社会全体に役立つことを考えながら探究していたので、こういうことが可能となっているのです。

　あなたの気になることや困りごとについても、アドラー心理学を応用してもらえれば幸いです。私自身の経験からしても、アドラー心理学は本当に色々なことに役立ちます。まずは最初の好きな章から眺めてみてください。

東洋学園大学 教授
しまうまカウンセリング　鈴木義也

もくじ

1章 「アドラー心理学」ってどんな心理学？ …… 9▼34

- 01 「アドラー心理学」ってそもそもどういう心理学？ …… 10
- 02 幸せになるための心理学？ アドラー心理学の核は何？ …… 12
- 03 アドラー心理学では、なぜ「共同体感覚」が重要？ …… 14
- 04 「共同体感覚」はどうやって育てる？ …… 16
- その時、アドラーは… ❶ 夢破れた若者にどんな勇気づけをしたのか？ …… 18
- 05 人は変わることができる？「ライフスタイル」とは？ …… 20
- 06 人のライフスタイルはいつ頃決まるもの？ …… 22
- 07 ライフスタイルは変えられるもの？ …… 24
- アドラーの言葉 ❶ 不安は他の人を従わせる武器になる …… 26
- 08 人生の課題？「ライフタスク」とは？ …… 28
- 09 「勇気の心理学」とも呼ばれる理由は？ …… 30
- アドラーの言葉 ❷ 人間が変わるのに必要な時間は… …… 32
- アドラーの素顔 ❶ 仕事中毒なアドラーの息抜き方法は？ …… 34

2章 人の悩みとアドラー心理学 自分の心と仕事編 35▼100

- **01** 感情に流されてしまい、後悔することが多い… 36
- **02** つい感情にまかせて怒ってしまう… 38
- **03** 悲しくなると、すぐ泣いてしまう… 40
- **04** ふいに無力感を感じてしまう… 42
- **05** 仕事のできる同僚と比べ、劣等感を感じる… 44
- **06** 何かと理由をつけて、逃げるクセがある… 46
- **07** 人からもっともっと認められたい… 48
- アドラーの言葉❸ 虚栄心に駆られないようにしなさい 50
- **08** できないことがあると、自分に言い訳してしまう… 52
- **09** うまくできない自分に嫌気が差してしまう… 54
- **10** 完璧にしなきゃダメじゃないかと思う… 56
- **11** どうしても人に嫉妬してしまう… 58
- アドラーの言葉❹ 他の人の価値を下げることで秀でようとすれば… 60
- **12** 失敗がこわくて何もできない… 62
- **13** 過去の失敗を思い出して前に進めない… 64
- **14** ものごとを悲観的にしかとらえられない… 66

15 叱っても変わってくれない… … 68

16 人を小ばかにしたような態度の人って何なの… … 70

その時、アドラーは…❷ 失礼な若者の心理を見抜く探偵のようなひと言とは？ … 72

17 人が思うように動いてくれなくてイライラする… … 74

18 わたしの「普通」が理解してもらえない… … 76

19 同僚と意見が合わなくてイライラ… … 78

20 つい厳しい言葉で相手を責めてしまう… … 80

その時、アドラーは…❸ 数学が苦手な子どもを得意に変えた言葉とは？ … 82

21 つい自分を大きく見せたくなってしまう… … 84

22 他人への悪口をつい言ってしまう… … 86

アドラーの言葉❺ 勇気を薬のように与えることはできない … 88

23 仕事を辞めたら、自分は無価値…？ … 90

24 生活の中心が仕事になってしまっている… … 92

25 仕事が大変で会社に行きたくない… … 94

26 勇気が湧かなくて転職活動ができない… … 96

アドラーの言葉❻ ミルクの中に落ちたカエルはあきらめずに何をした？ … 98

アドラーの素顔❷ アドラーとアインシュタインの交流 … 100

3章 人の悩みとアドラー心理学 交友関係と親子編 … 101▼142

01 苦手な相手とどう接したらいい…？ … 102

02 自分の意見がうまく伝えられない… … 104

アドラーの言葉❼ 特別な才能をもって生まれてくるという考えは誤り … 106

03 みんな、自分のことを嫌っている気がする… … 108

04 よく「話を聞いていない」と言われてしまう… 110
05 パートナーがほしいけど、自分にできるわけがない… 112
06 付き合っている人とすぐに言い合いになる… 114
07 なぜか相手がふてくされてしまう… 116
その時、アドラーは… ④ おもちゃを盛大に散らかした子ども。どうする? 118
08 家族やパートナーと意見がまとまらない… 120
09 理想の結婚相手が見つからない… 122
その時、アドラーは… ⑤ アドラーは患者に何と問いかけた? 124
10 悪目立ちしようとする人。どう対応すればいい…? 126
その時、アドラーは… ⑥ 先生の背中に消しゴムを投げる少年。どう解決した? 130
11 ついつい子どもを甘やかしてしまう… 132
12 つい頭ごなしに子どもを叱ってしまう… 134
13 子どもが全然勉強しない… 136
14 子どものしつけ。どうするのが正解か… 138
アドラーの言葉 ❽ 一つのことにうまくいけば、他のこともうまくいく 140
アドラーの素顔 ❸ 56歳から英語を猛勉強? 142

4章 明日話したくなるアドラー心理学の話… 143 ▼ 184

01 アルフレッド・アドラーってどんな人？① ……………… 144

02 アルフレッド・アドラーってどんな人？② ……………… 146

03 アルフレッド・アドラーってどんな人？③ ……………… 148

アドラーの言葉 ❾ これが個人心理学の鍵となった ……………… 150

04 アドラーとフロイトの関係は？ ………………………… 152

05 フロイトの心理学？ 精神分析とはどんなもの？ ………… 154

06 アドラー自身の子育てはどうだったのか？ …………… 156

07 もっと知りたい！ アドラー心理学 ① 「目的論」とは？ ………… 158

08 もっと知りたい！ アドラー心理学 ② 「対人関係論」とは？ ……… 160

09 もっと知りたい！ アドラー心理学 ③ 「認知論」とは？ ………… 162

10 もっと知りたい！ アドラー心理学 ④ 「全体論」とは？ ………… 164

11 もっと知りたい！ アドラー心理学 ⑤ 「主体論」とは？ ………… 166

12 ライフスタイルにはどんな分類がある？ ……………… 168

13 ライフスタイルがわかる？「早期回想」とは？ ………… 172

14 生まれる順番がライフスタイルに影響？ ……………… 174

15 アドラーにとって「死」はこわくなかった？ …………… 176

その時、アドラーは… ❼ 盗みをはたらいた若者を更正させた言葉とは？ … 178

16 弟子たちが広げたアドラー心理学① ………………… 180

17 弟子たちが広げたアドラー心理学② ………………… 182

アドラーの言葉 ❿ 人の役に立つことをしないではいられない ………… 184

アドラーの生涯がわかる**アドラー年表** ………………………… 186

さくいん・参考文献 ……………………………………………… 188

1章

「アドラー心理学」ってどんな心理学？

オーストリアの医師アルフレッド・アドラーが
つくり出したアドラー心理学。
「勇気の心理学」「使用の心理学」とも
呼ばれますが、どんな心理学なのでしょうか？
基本と特徴を見ていきましょう。

01 「アドラー心理学」って そもそもどういう心理学?

なるほど! 人間社会の明るい未来を考え、「共同体感覚」を育てようとする心理学!

「アドラー心理学」という名前を聞いたことがある人は多いと思いますが、どのような心理学なのでしょうか?

アドラー心理学は、20世紀のはじめに活躍したオーストリアの医師、**アルフレッド・アドラーによる心理学**のことです。多くの人々の心の悩みを診るなかで、アドラーは「共同体感覚」(➡P14)を育むことなどを考える「アドラー心理学(個人心理学)」をつくり上げました〔**図1**〕。アドラー心理学は科学というより、「人間社会を生きていくための便利なものの見方」です。**その考え方は生活に取り入れやすいため「使用の心理学」とも呼ばれます**〔**図2**〕。

アドラーは、オープンな姿勢で子どもからお年寄りまでさまざまな立場の人の相談に乗りました。専門家だけを相手にするのではなく、**この社会がよりよい世界になるように、講演や著書を通して自らの考え方を広く発信し続けました**。当時も一般人向けにヨーロッパやアメリカでたくさんの講演を行い、著書もベストセラーになるなど、人々からの人気は絶大なものでした。

現在、アドラー心理学の考え方は、カウンセリングのほか、生徒指導・非行相談といった教育分野、福祉、子育て、ビジネスの現場などでも幅広く活用されています。

010

生活に取り入れやすい使用の心理学

▶「アドラー心理学」の5つの特徴〔図1〕

アドラーがつくり上げた独自の心理学で、5つの特徴がある。

目的論
「すべての人の行動には目的がある」として、人の行動を「原因」でなく「目的」でとらえる考え方。

対人関係論
人生のあらゆる問題は、対人関係に根ざしたものであるという考え方。対人関係から解決策を考える。

認知論
人は、自分の主観で世界を見ているという考え。人がどのように認知＝意味づけしているのかを知ること。

全体論
人間を体や心などその人をつくる「全体」から見る視点。

主体論
自分の人生をどう生きるか選ぶのも、その責任をとるのも自分自身であるという、人の主体性に根ざした考え方。

▶「使用の心理学」とは〔図2〕

自分のもっている性格や能力といった素質を、人生でどのように使うのかを重視する考え方。

アドラーの言葉

重要なことは、人が何をもって生まれたかではなく、与えられたものをどう使うかである。

出典：アドラー『個人心理学講義 生きることの科学』（アルテ）より一部改変

02 幸せになるための心理学？アドラー心理学の核は何？

なるほど！「**共同体感覚**」をもち、ライフタスクに立ち向かう「**勇気**」が幸せのためには必要！

　アドラー心理学では、「幸せな人」を「精神的に健康な生き方をする人」と考えます。そしてそれを実現するには、**「共同体感覚」**を育むことと、人生の課題（ライフタスク➡P28）に立ち向かう**「勇気」**をもつことが重要だと考えています〔**右図**〕。

　<u>**共同体感覚とは、共同体に対して積極的に所属・参加する感覚をもつこと**</u>をいいます。人は一人では生きていけません。人の心の安定には、家庭や学校や職場といった共同体の中で自分の居場所を見つけることが必要です。共同体感覚を育てるには、他の人々を仲間としてとらえ、相手に関心をもつことが大切です。共同体感覚をもたない人は、他人への興味や関心がうすく、自己中心的な考えをするようになると考えられています。

　また、集団の中で生きていると、仕事や交友関係、結婚、子育て…など、さまざまな悩みが次々と出てきます。アドラー心理学では、人が生きていくうえで直面する課題のことを**ライフタスク**と呼んでいます。

　<u>**アドラー心理学では、共同体感覚に基づいて、ライフタスクに立ち向かう勇気をもつことが大切である**</u>としています。人々を勇気づけ、共同体感覚を育む援助をする心理学なのです。

「共同体感覚」と「勇気」をもつ

▶人生を幸せに生きるには?

共同体感覚を育て、人生の課題（ライフタスク）に立ち向かう勇気をもつことが大切。

共同体感覚をもつ人

他人に関心があり、人とのつながりを大切にする。

共同体感覚をもたない人

他人への興味・関心がうすく、自己中心的な考えをする。

ライフタスクに立ち向かう人

困難な課題を克服し、精神的に健康な生き方をする。

ライフタスクから逃げる人

困難な課題から逃げて、精神的に不健康な生き方をする。

アドラーの言葉

人間共同体への価値を認めうる生きかたをしているときにのみ、人間は人生の諸課題を満足なかたちで解決できもするし、自分自身満足感を得ることもできる。

出典：野田俊作監修『アドラー心理学教科書』（ヒューマン・ギルド出版部）

03 アドラー心理学では、なぜ「共同体感覚」が重要？

なるほど！ 第一次世界大戦での**悲惨な経験**から、**人類が共生する価値観が必要**と考えたから！

アドラー心理学を理解するためには、**「共同体感覚」**が欠かせません。なぜアドラーは共同体感覚という考え方を提唱したのでしょうか？

共同体感覚とはみんながそれぞれに互いを尊重しながら、相手の役に立とうとしていくような、人に対する思いやりの感覚です。共同体感覚の考え方は、**アドラーが第一次世界大戦に軍医として従軍したときの悲惨な戦争体験がもと**になっています。「殺し合うのではなく、人類はみな仲間であるといった共通の価値観をなぜもてないのか」とアドラーは考えました。そして**「人間が人類の一部であること、全体とともに生きていることの実感」**である共同体感覚をもち、育てることが大切と主張するようになったのです〔**図1**〕。

人間は個人主義的な自己実現のために生きるのではなく、社会や世界と調和することが幸せにつながるとアドラー心理学では考えています。共同体感覚が高い人はまわりのことを考えて、共同体の中でも健全な人間関係を維持します。一方、共同体感覚が低い人は自己中心的にふるまいがちです〔**図2**〕。**アドラー心理学では社会で自立した人間に育つために、共同体感覚を目安とし、共同体感覚の育成を目指す**のです。

幸せは所属感や貢献感からくる

▶ アドラーの提唱した共同体感覚〔図1〕

共同体の範囲は際限を設けず、家族、職場、国、宇宙と広くとらえていた。

▶ 共同体感覚をもつ人、もたない人〔図2〕

共同体感覚が高い人は他人に関心をもっていて、共同体感覚が低い人は自己中心的とされる。

他人に関心をもつので、健全な人間関係をつくる。共同体に貢献し、所属感を得る。

自分の利益を優先し、他人のことを考えない。自己愛的でまわりと調和しない。

04 「共同体感覚」はどうやって育てる?

なるほど! 共同体の中で"**お互いさま**"の感覚をもち、**所属感、信頼感、貢献感、自己受容**を育てる!

　アドラー心理学の肝のひとつ「共同体感覚」(→P14)は、どのようにすれば育てていくことができるのでしょうか?

　アドラーは、共同体感覚が高い人は他人と協力ができ、他人を助けられるなど**「他人と結びつく行動」**をとることができる人だと考えました〔**図1**〕。自分ではなく、他人の役に立つことを喜びとする行動をすることもそのひとつです。

　逆に共同体感覚が低い人は、**「人から離れていく行動」**をとります。自分勝手な人、他人を利用する人、人づきあいが嫌いな人など、人との関わりを避け、自分を利することを喜びとする行動に向かっていきます。

　共同体感覚には、①「わたしは共同体の一員」という**所属感** ②「共同体の人々は信頼できる」という**信頼感** ③「わたしは共同体の役に立てる」という**貢献感** ④「わたしはありのままでいい」という**自己受容**が必要とされています。これらが共同体感覚を育てるために大切と考えられています〔**図2**〕。

　社会の中で、自分も他人も大切にして、もちつもたれつやっていく"お互いさま"の感覚が、共同体感覚につながります。そんな感じを意識してやってみましょう。

共同体感覚とはお互いさまの感覚

▶共同体感覚の高い人の特徴〔図1〕

「他人と結びつく行動」をとる人物は、共同体感覚が高い。

- コミュ力が高い
- 他人と協力できる
- 人助けができる
- 勇気をもつ

アドラーの言葉

共同体感覚は、生まれつき備わった潜在的な可能性で、意識して育成されなければならない。

出典：鈴木義也ほか
『アドラー臨床心理学入門』（アルテ）

他人を手助けできる人は共同体感覚が高い人。

▶共同体感覚を育てる要素〔図2〕

共同体感覚を育てる要素として、次の4つがよく引き合いに出される。

所属感
共同体の中に自分の居場所があるという感覚。自分にとって価値がある場所があると感じられること。

信頼感
共同体の中で、自然に自分にも他人にも安全性や信頼性を感じること。

貢献感
共同体の人々を仲間と認め、貢献することで「わたしは役に立つ人間」だと感じること。

自己受容
見栄を張ったり、無理したりしない、ありのままの自分を受け入れること。

その時、アドラーは…①

Q 夢破れた若者に どんな勇気づけをしたのか？

ピアニストになりたくて音楽学校を受験。しかし合格できず、自分の未来に失望してしまった人が、アドラーに相談にきました。その人は収入もなく、父にも反対され、再挑戦もあきらめています。アドラーはどんな言葉で、彼を勇気づけたのでしょうか？

A ピアノの先生になるのはどうですか？

B 再挑戦のために一緒にお父様を説得しましょう

今が困難でも未来は変えられる。アドラーは別の道筋を示した！

　ポール・ブロッドスキーという心理療法家が語った、アドラーにまつわるエピソードです。

　音楽学校に落ちたポールに対して、**アドラーは再挑戦をしない理由をたずねます**。彼は収入がなく、生産的な仕事をしていないと父親も腹を立てているため、**もう遅すぎる**と答えました。するとアドラーは、次のように聞き返しました。

「ピアニストでなく、ピアノの先生ではだめなのですか？　ピアニストにも誰か教えてくれる人が必要でしょう？」

「ピアニストには、彼らの演奏の芸術性を正しく評価してくれる、音楽を愛し理解しているあなたのような人が必要です」

「あなた自身の喜びと満足のために努力なされればいいと思います。でも、忘れないでほしいのです。そうしているとき、あなたは同時に、大きな貢献もしているのだということを」

　アドラーは、ポールに「ピアノの先生」という収入源ともなる道を示唆しつつ、彼に「先生」という、人々の役に立つ**道筋を示した**のです。ですので、答えはAの「ピアノの先生になるのはどうですか？」です。

　ポールはアドラーの言葉に勇気づけられ、父親を説得して、ピアノを教える仕事に就きます。そして、稼いだお金で著名なピアニストのレッスンも受け、生涯ピアノを続けたそうです。

　アドラーは、**「今が困難でも、未来が困難とは限らない。未来は変えられる」**という言葉も残しています。

05 人は変わることができる？「ライフスタイル」とは？

なるほど！ ライフスタイルは**自分が選んでいるもの**で、**変えていくことができるもの**！

　アドラー心理学では、人はそれぞれ固有の「ライフスタイル」をもつと考えています。ライフスタイルとは、**その人がもつ独自の生き方のマニュアルで、性格、思考や行動、自己像、理想、ものの見方を含む「生きる形」のこと**です〔**右図**〕。

　例えば、就職面接という人生の課題（ライフタスク➡P28）に直面したとき、積極的なライフスタイルの人は、自分をきちんと伝えられるでしょう。逆に引っ込み思案なライフスタイルの人はうまく話せず、自分を伝えられないかもしれません。失敗を恐れるあまり、内定を1つとったら就職活動をやめてしまいます。

　人はいろいろな**人生の課題に直面すると、自分のもつライフスタイルに応じて行動を選択**していきます。ライフスタイルは、人生という旅に用いるマニュアルにも例えられます。よいライフスタイルをもっていれば、困難に出合っても人生の旅は快適でしょう。しかし、よくないマニュアルをもっていると、困難に出合ったときに進路を失い、人生が悪い方向に進んでしまう場合があります。

　わたしたちは自分のライフスタイルは生涯変わらないものと考えがちですが、アドラー心理学では、**ライフスタイルは自らが選んでいるもの**なので、変えていくことができると考えます。

人はそれぞれ固有のライフスタイルをもつ

▶「ライフスタイル」とは？

ライフスタイルとは、その人独自の生き方のマニュアルのことをいう。

支配的なライフスタイルの例

指図するような話ばかりする。

自分の都合に人を合わせる。

目的 自己中心でいきたい

依存的なライフスタイルの例

何でも人まかせにする。

食事の誘いを断れない。

目的 人に頼りたい

人は常に目的に向かって動いている存在。その人の人生目標に向かう「動きのパターン」がライフスタイルとしてあらわれる。

アドラーの言葉

人が恵まれた状況にあるときは、そのライフスタイルは、はっきりとは見えない。しかし、状況が変わって、その人が難局に直面するや、ライフスタイルは歴然と見えてくる。

出典：野田俊作監修『アドラー心理学教科書』（ヒューマン・ギルド出版部）

06 人のライフスタイルは いつ頃決まるもの?

なるほど! アドラー心理学では、**10歳くらいまでに ライフスタイルが形成される**と考えている!

ライフスタイルは、いつ、どのようにつくられるのでしょうか?

アドラー心理学では、**生後からライフスタイルの形成がはじまり、だいたい10歳頃、つまり小学生時代までには形成される**と考えます。例えば、子どもの頃には「お菓子がほしくて駄々をこねる」「注目してほしくて泣き叫ぶ」といった行動をしますよね。子どもは、ある状況に対して何かしらの行動をとることで「こういうときはこうすればいいんだ」という経験を得ていきます。そうして自分の生きる方針を定めていきます〔**図1**〕。

一旦つくられたライフスタイルは、**その後もその人の一貫した行動原理となります**。ライフスタイルを自覚することは難しく、よほどの出来事かカウンセリングで自らを知ることがない限り、自然には変わりにくいとされます。

そのため、アドラー心理学では、子どもがよいライフスタイルを身につけられるように、ライフスタイルが形成される時期の子育てと学校教育を大切にします。

アドラー心理学では、**自分のライフスタイルは生まれつきの性格的なものに加えて、子どもの頃に自分自身が選んだもの**だと考えています〔**図2**〕。

子どもの頃にライフスタイルはできあがる

▶ ライフスタイルのつくられ方〔図1〕

ある状況に対して、何かしらの行動をとることで、「この場合はこうすればいい」という経験を得て、そのくり返しでつくられていく。

1 たくさんお菓子が欲しいな…

2 わがままを言ったら買ってもらえた。ラッキー！

→ わがままで意見を通せると思い込んだまま大人になる！

2 わがままを言ったけど、もらえなかった…

→ わがままで意見が通らないことを知っている大人になる！

▶ ライフスタイルの形成に影響するもの〔図2〕

ライフスタイルは、遺伝も含めた心身の特性や、環境の影響（兄弟姉妹の関係や文化など）も受けながら、つくられていく。

遺伝	体の特性	兄弟姉妹関係	文化
親からの遺伝の影響を受ける。遺伝で与えられた能力をどう活かすかは自分次第。	自身の心身的特性（よいものも悪いものも）に対して子どもは対処を迫られる。	誕生順位、性別、人数など兄弟姉妹関係は大きくライフスタイルに影響する。	国民性、地域性などの価値観、行動習慣といった文化が影響する。

07 ライフスタイルは 変えられるもの?

なるほど! 「**今のままでいたい**」という思いを断ち、 **勇気をもって**変わっていく!

アドラー心理学では、ライフスタイルは子どもの頃につくられ、自ら選び取ってきたものと考えます（➡ P22）。よいライフスタイルをもつ人は人生を幸福に生きることができそうですが、よくないライフスタイルをもつ人は悩みの多い人生になりそうですね。さて、ライフスタイルは変えることのできるものなのでしょうか？

ライフスタイルは人生の指針ともいうべきものですので、変えようとすると人は不安を覚えます。例えば「引っ込み思案」な自分を変えたいと考えたとしても、それはこれまでに自分が慣れ親しんだライフスタイルです。「このままのわたし」で生きるほうが安心するものです。

こうした思いを断ち切り、**新しいライフスタイルを試してみる勇気をもつことができれば、人は変わることができる**とアドラー心理学では考えます。そのためにはまず、その人の①**自己像**、②**世界観**、③**理想**を知ることが必要になります〔**図1**〕。

①～③は、ライフスタイルを構成する３つの要素とされます。まずはこれら３つの要素を知り、それを再検討していくことで、自分を新しいライフスタイルにしていくきっかけにすることができるのです〔**図2**〕。

024

ライフスタイルは変えることができる

▶ ライフスタイルは3つの要素でつくられる〔図1〕

ライフスタイルは、「自己像」「世界観」「理想」の3つの要素で構成される。

自己像
自分自身がどのような人間なのかという認識。「自分はどんな人間か？」といった問いかけから調べる。

世界観
自分が世界をどう認識しているか。「自分にとって、自分を取り巻く世界はどういうところか？」などと問いかけてみる。

理想
自分にとっての理想が何か、という認識。「自分は何を目指している？」「何を得たいと思っている？」などの問いかけから調べる。

▶ 新しいライフスタイルを探すには〔図2〕

上の3つの要素を知ったうえで、問題のある部分の認識を再検討していく。

自己像	わたしはダメな人間だと思う
世界観	まわりの人は誰も助けてくれない
理想	安心・安定して生きていきたい

↓

ライフスタイル
世界は危険なので、引っ込んで生きる

問題のある部分を変える
〔世界観〕を「助けてくれる人もたまにはいる」にすれば、ライフスタイルは「社会は辛いが、なんとか関わっていけるかもしれない」などに変えられる！

アドラー心理学を活用したカウンセリングでは、3つの構成要素を聞き取ってライフスタイルを再検討することで、変化をうながしていく。

人生に活きる アドラーの言葉 1

不安そうにふるまう人は、不安は他の人を従わせる武器になることを知っている。

出典：アドラー『個人心理学講義 生きることの科学』（アルテ）を一部改変

不安は他人を支配する道具になる。
そんなことをくり返していないだろうか

　アドラー心理学では、ライフスタイルは10歳くらいまでに完成されるといいます（➡P22）。困難に出合っても、人生をよい方向に進められるライフスタイルもあります。しかし、**困難に出合ったときにうまくいかないライフスタイルもあります**（➡P20）。アドラーはこのようなライフスタイルをもった人の特徴として、子どもを例に、次のようなふるまいを挙げています。

「注目を引きたい子どもはしばしばだらしなくしている。だらしないことで、他の人の時間を占有するのだ。また寝ようとせず、夜中に叫んだり、おねしょをしたりする。不安そうにふるまう。不安は、他の人を従わせる武器になることを知っているからである」。

　子どもが不安そうにしていれば、親は多少の甘えにも寛容になってしまいがちです。病気にも同じような効果があります。幼い頃に病気になって看病された体験から他人に甘えることを覚え、これを無意識にくり返すような子どももいます。**他人の注目を引き、他人を支配する目的で「不安」という感情が使えることを覚えてしまう**わけです。

　もちろん不安そうにしている人が、すべてそうだということではありません。ただ、**不安によって注目を集めるような行動をしている人もいるのです**。子どもであれば、日頃から大切にされていると感じられるよう接することで、不適切な行動をする必要はなくなるはずです（➡P126）。また、自分自身も同じように不安を利用していないか、注意することも大切です。

08 人生の課題？「ライフタスク」とは？

人が取り組まなければならない課題への、取り組み方によって**人生が変わる**！

　アドラーはライフスタイル（→P20）と同様に、**「ライフタスク（人生の課題）」**も重視しています。ライフタスクとはどのようなことなのでしょうか？

　ライフタスクとは、受験、就職、結婚、子育てなど、人生における大きな課題です。**人が生きていくためには、どうしても取り組まなければいけない3つの課題**があるとアドラーは考えました。それは**「仕事のタスク」「交友のタスク」「愛のタスク」**です。近年では、さらに「自己のタスク」「精神のタスク」などを加える考えもあります〔図1〕。あるライフスタイルをもった人が、あるライフタスクに出合った場合、一定の行動をとるとされます。それは、**「行動＝ライフスタイル×ライフタスク」**という公式であらわすことができます。例えば、「几帳面」なライフスタイルをもつ人なら、「会社へ出勤する」というライフタスクに対して、「定時前には出勤」という行動をとります〔図2〕。

　人生はライフタスクへの応え方でつくられていき、ライフタスクへの応え方が、その人のライフスタイルを形づくります。つまり、**ライフタスクにどのように取り組むかが、自分が成長するか、停滞するかの試金石になる**のです。

人生では仕事、交友、愛の課題に取り組む

▶「ライフタスク」とは？〔図1〕

取り組まなければいけない人生の課題のこと。

仕事のタスク
社会人なら仕事、学生なら勉強、家庭なら家事に関する課題。

交友のタスク
交友関係で生まれる課題。友人との付き合い、サークルやボランティアでの人間関係など。

愛のタスク
結婚関係、親子関係など親密な関係で生じる課題。もっともプライベートで親密な関係。

その他のタスク
遊びや趣味など自分の楽しみを考える「自己との調和の課題」、祈りや宗教に関する「精神との調和の課題」がある。

▶ライフスタイルは行動にあらわれる〔図2〕

あるライフスタイルをもった人が、あるライフタスクに出合った場合、一定の行動をとるとされる。

「行動＝ライフスタイル×ライフタスク」が成り立つ！

09 「勇気の心理学」とも 呼ばれる理由は?

なるほど! 人生の課題に向き合い、乗り越えるためには 「勇気」が必要だから!

耳にしたことのある方も多いかと思いますが、アドラー心理学は ときに**「勇気の心理学」**とも呼ばれます。どうしてでしょうか?

アドラー心理学では、人生のさまざまな課題（ライフタスク➡P28） に取り組むには、勇気が不可欠だと考えます。そして、**課題に向き 合うための「生きる力」を「勇気」と呼び、人生において大切なも のととらえている**のです〔**図1**〕。

ライフタスクに直面したときに、勇気をもっている人は課題に挑 み、乗り越え、社会における展開に広がっていきます。逆に、勇気 がくじかれている人は課題から逃げてしまい、社会への広がりが限 られてしまいます。対人関係で悩みを抱えたり、問題行動を起こし たりしてしまうのも、勇気がくじかれているためと考えられます。

つまり、**さまざまなライフタスクに積極的に挑戦していくために は、勇気を増やしていくことが大切**なのです。自分や他人の勇気を 増やすことを、「勇気づけ」や「応援」と呼びます。この勇気づけ がアドラー心理学のひとつの骨子で、ライフタスクを乗り越えてい く行動を起こすエネルギーになります。自分自身への勇気づけには、 まわりの役に立つこと。他人への勇気づけには、横の関係に基づい た言葉が有効です〔**図2**〕。

勇気とは「生きる力」

▶ アドラー心理学における「勇気」〔図1〕

人生のさまざまな課題に立ち向かうための「生きる力」のこと。勇気は増やすことができるが、減ってしまうこともある。

人生でどうしても取り組まなくてはいけないライフタスクに挑戦し、困難を克服する力をもつ！

ライフタスクから逃げ出し、挑戦することをためらい、人間として停滞してしまうことも…

▶ 自分と他者への勇気づけ〔図2〕

自分に対しても、他人に対しても勇気を与えることができる。

家族の役に立つことをするなどして、自分の価値を実感する。自分をほめたり、「なんとかなる」と楽観的に考えるのもよい。

相手を対等な人間として見る「横の関係」で言葉をかける。相手の失敗を許容することも相手を勇気づける。

人生に活きる アドラーの言葉 2

人間が変わるのに
必要な時間は、
その人が死ぬ
1日か2日前でしょう。

出典：G・J・マナスター他
『アドラーの思い出』
（創元社）より一部改変

自分は今すぐにでも変えられる。
「変わりたい」という決心と実行が大切！

　左の言葉は、アドラーとともにシカゴ児童センターを創設した心理学者のマーティン・ロスが聞いたアドラーの言葉です。ロスが、「人間が変わろうとするのに、もう遅すぎるというような時間制限はありますか？」とたずねたところ、アドラーは「たぶん、その人が死ぬ1日か2日前でしょう」と答えたそうです。つまりこれは、ライフスタイルは自分でつくり上げたものなので、自分の意志次第で変えられるということです（➡ P24）。

　自分が変わるためには、「変わりたい」という決心が必要です。「死ぬ1〜2日前」という表現はアドラー流のユーモアで、本人の意志次第ですぐにでも変えられるものなのだとアドラーは伝えたかったのではないでしょうか。アドラーは、次のような言葉も残しています。「迷いがある人は、だいたいいつまでも迷っていて、ずっと何も達成しないままだ」。

　アドラーの弟子で、心理学者のアルフレッド・ファラウのエピソードも紹介します。ファラウはアドラーから、心理学の特定の分野についてもっと勉強する必要があると諭されます。ファラウには耳の痛い意見だったので、今日から勉強をはじめても、3年はかかりますとこぼしました。するとアドラーは「では、明日からはじめてみてはどう？　そうしたら3年と1日かかるよ」と返したそうです。アドラーはユーモアを交えつつ、**長くかかることをためらって、着手するのを先延ばしにしていたら、その分余計に達成に時間がかかってしまう**と、ファラウに伝えたかったのではないでしょうか。

033　「アドラー心理学」ってどんな心理学？　**1**章

アドラーの素顔 1

仕事中毒なアドラーの息抜き方法は?

　アドラーの子どもたちによると、個人心理学会を創設した頃のアドラーはとにかく仕事中毒で、めったに家にいなかったそうです。そんな多忙な日々を送るアドラーでしたが、ある習慣だけは欠かしませんでした。それは、一日の仕事の最後にカフェに行くことです。

　アドラーは、カフェで深夜2時ぐらいまで仲間や友人と会話を楽しんでいることもあったそうです。しかし、どんなに帰りが遅くなっても、翌日の朝7時には起床していました。そんなアドラーに対して、睡眠不足を心配する声もありましたが、「わたしはすぐに寝られるたちだから」と笑って答えたといいます。アドラーのこの習慣は、生涯続いたそうです。

　アドラーが愛したカフェとは、どんな場所だったのでしょうか? アドラーが常連だったというウィーンのカフェ・セントラルは、さまざまなコーヒーや食べ物、アルコールが提供されるほか、たくさんの雑誌や新聞が閲覧できたそうです。常連客はめずらしい出版物を特別に閲覧できました。小説家、政治家、芸術家などさまざまな人が出入りし、革命家のトロツキーも常連でした。

　ちなみに、アドラーは息抜きにチェスも楽しんでいたといいます。多忙な中でも、友人たちと交流を欠かさないことで、「共同体感覚」を育てることを実践していたのでしょうね。

2章

人の悩みと
アドラー心理学

〈 自分の心と仕事 編 〉

アドラー心理学は、
生活や仕事でどのように活かせるのでしょうか？
具体的な人の悩みをベースに、アドラーが考えた理論や言葉を
活かす方法を紹介していきます。

感情に流されてしまい、後悔することが多い…

解決のヒント 感情は**目的のために自分でつくり出す**もの。**目的を自問自答**してみよう

　感情のコントロールは難しいですよね。アドラー心理学では、人が何かの目的を達成するために、**「感情」を「つくり出して」「使っている」こともある**と考えます。このように、人間のすべての行動には目的があると考えるのです。これを**「目的論」**といいます。

　あらゆる感情には目的があります。その目的は**「自分を操作すること」**と**「他人を操作すること」**の２つに大きく分けられます。例えば、「このままでは期末テストで悪い点を取ってしまう…」と考えたときに、不安という感情を使ってさらに勉強をがんばる。これは前者ですね。また、子どもがモノを買ってほしくて、泣いて駄々をこねたりするのは後者です〔**図1**〕。

　例えば「資格を取ろう」と行動を起こす直前、なぜか急に不安になり、行動をとりやめてしまうという状況を考えてみます。感情的になったら、ひとまず呼吸をおちつけて、**「わたしは不安になることで、どんな目的を達成しようとしているのか」**と自問自答してみます。不安になるのは「資格試験に失敗するのがこわい」からかもしれません。それならば不安になるより、何をすれば「資格を取る」という目標を達成できるのかを考えるのです。このように、感情の目的を自問自答してみることがひとつの解決策になります〔**図2**〕。

感情は目的のためにつくられる

▶ 感情には目的がある〔図1〕

アドラー心理学では、喜ぶ・怒るといった感情にも目的があると考える。感情の目的は大きく2つに分けられる。

自分を操作する

不安などの感情は、わたしたちの行動を後押ししたり、思いとどまらせたりする。「感情は人間という自動車を走らせるガソリン」といえる。

他人を操作する

感情的になることで、他人の行動を操ろうとする。悲しみの感情を使えば、他人が同情して言うことを聞いてくれるかもしれないと考える。

▶ 自分の感情を自問自答しよう〔図2〕

感情的にならないためにも、自分が発している感情の目的は何か、推測することを心がけよう。

わたしはこの感情を使ってどんな目的を達成しようとしている…？

不安

すぐ心配するのは…
「失敗するのがこわい」という目的からかもしれない。

興奮

すぐ興奮するのは…
「他者の注目を集めたい」という目的からかもしれない。

悩み 02 つい感情にまかせて
怒ってしまう…

解決の ヒント 不適切な怒りは**自分の意見を押し通す行為**。
「**アンガーマネジメント**」を身につけよう

　感情が高ぶって、つい怒ってしまって、後で後悔する…ということは、誰しも経験があるのではないでしょうか。**怒りは対人関係においてマイナスな感情**です。人に怒りをぶつけることは、相手を傷つけたり、ひるませたりすることです。

　アドラー心理学では、**怒りにも目的がある**と考えます〔**図1**〕。例えば、約束を破った相手に怒りをぶつけるとき、そこには自分の正しさを主張する目的や、相手に言うことを聞かせようとする目的があるのです。大きな声を出して怒りをむき出しにすれば、相手はひるみ、おびえ、従うかもしれません。そんなとき、あたかも相手が自分に服従したような感覚を得ます。優越感を手に入れ、自尊心は高まります。しかし、**こうした怒りは相手の感情を犠牲にして、自分の意見を押し通す幼稚な行為**なのです。

　怒りには目的があります。だからこそ、感情に呑みこまれそうになったときでも、**その目的について考えて、コントロールできるようになることが大切**です。自分を一旦俯瞰して見て呼吸を整え、「目的」について考えをめぐらせるようにしましょう。これも怒りの感情をコントロールするスキル「**アンガーマネジメント**」のひとつのやり方です〔**図2**〕。

怒りは相手を支配しようとする感情

▶「怒り」の目的を考える〔図1〕

感情にまかせた怒りにも、自分の意見を通したり、他人を支配したりしようとする目的がある。

例 部下に頼んだ書類ができていなかったので、怒鳴った。

怒りの目的の例

❶約束を破ったことは部下の責任で、自分は正しいという主張。

❷怒りで相手を委縮させ、思い通りに動かしたいという支配欲。

▶「アンガーマネジメント」とは?〔図2〕

アンガーマネジメントの目的は、必要のあることは怒りをぶつけずに、ていねいに指摘すること。

相手の行動に怒りが湧いた!

❶ 衝動のコントロール
怒りをすぐ爆発させず、6秒間ガマンして、怒りの感情が落ち着くようにする。

❷ 思考のコントロール
相手の行動が「許せるか」「まあ許せるか」「許せないか」を客観的に判断する。

❸ 行動のコントロール
状況を「変えられる／変えられない」「重要／重要でない」の軸で整理し、行動を決める。

例えば「部下が毎日遅刻する」など、「会社に重要」+「叱ることで変えられる」なら、叱りつつも一緒に改善点を探す。相手の行動が「重要でない」「変えられない」場合は放っておいていい。

参考:一般社団法人 日本アンガーマネジメント協会 公式ホームページ

悩み **03**

悲しくなると、
すぐ泣いてしまう…

**解決の
ヒント**　過度な悲しみの涙で**優越感を得てしまう**と、
自分と他人を引き離す結果になるので注意

　アドラーによると、感情には2種類あるといいます。人と人とを**「結びつける感情」**と**「引き離す感情」**です。結びつける感情は「喜び」「同情」、引き離す感情は「怒り」「嫌悪」「悲しみ」「不安」「嫉妬」などを挙げています〔**図1**〕。

　悲しみは、おもに何かを失ったときに生まれる感情です。「悲しみの涙」は誰もが流す自然なものですが、**涙を他人を支配するための武器として使用する人がいる**と、アドラーは指摘しています。悲しみの涙を流すと、多くの人が同情や友情を示しますが、同情を示された人は自尊心が高められ、優越感を得ます。この経験に味をしめてしまうと、他人のなぐさめと親切を引き出す目的で泣くようになってしまうのです〔**図2**〕。

　一見、悲しみが人と人との距離を近づけるように見えますが、**悲しむ人は相手の優しさをもらうばかりで、相手に貢献していません**。悲しみはまわりの人を「なぐさめを与える立場」に固定してしまい、悲しんでいる本人は他人から同情をもらうばかりで相手には何も与えません。だからアドラーは、悲しみを「引き離す感情」に挙げているのです。悲しみの涙が都合よく使われていないか、よく考えてみましょう。

涙は他人を支配する武器になる

▶ 人を結びつける感情、引き離す感情 〔図1〕

結びつける感情

- **喜び** うれしいときはハグしたり、手を取り合うなど、仲間と喜びを共有する。
- **同情** 仲間に感情移入する。ただし、同情で優越感を得たいと考えると他人に距離をとられる。

引き離す感情

- **怒り** 仲間を傷つけ、人と人との対立を呼び起こす。
- **嫌悪** しかめっ面で拒否の態度を示し、他人と距離をとる。
- **悲しみ** 悲しみでまわりの人をなぐさめを与える立場に固定する。

▶ 人と人とを引き離す「悲しみ」の例 〔図2〕

アドラーは、悲しみを「人と人とを引き離す感情」としている。

かわいそう…

他人のなぐさめと親切が欲しい…

「与える立場」に固定　**優越感を得られる！**

悲しむ人は、他人のためにはならないので、いずれ他人は離れてしまう。

アドラーの言葉

涙は、協力をかき乱し、他者を従属させるための極度に効果的な武器である。

出典：アドラー『人生の意味の心理学』（アルテ）を一部改変

悩み 04 ふいに無力感を感じてしまう…

解決のヒント 人は**無力な状態から脱したい**と思うもの。バネにして**無力感から出発**しよう

人は生まれたときは無力です。だからこそ、「自分でできるようになりたい」「理想の自分になりたい」と思い、目標に向けて成長していきます。無力な状態から脱したいという感覚は、誰もがもっているもの。だからわたしたちは**マイナスからプラスへ、劣等感から優越感へと移動しようとがんばる**のです。これを**「優越性の追求」**と呼びます〔**図1**〕。これも誰もがもつ欲求です。

例えば、「仕事で結果を残せなくて、チームにも迷惑をかけてしまっている…」と無力感を覚えた場合について考えてみましょう。このとき大切なのは、**少しでもチームのために行動すること**です。自分の無力感に留まらず、自分が感じた無力感をバネにして、自身の強みやできることを活かした貢献のしかたをいろいろ考えてみるのもいいでしょう。無力感を覚えたら、そこが出発点と思ってみてはどうでしょうか〔**図2**〕。

このような場合にしてはいけないのは、**無力感を言い訳にしてチームに協力せず、あきらめて何も行動しないようになったりすること**です。何も行動しなければ、無力感から脱することはできません。「無力感は成長へのバネ」ととらえることが、克服への第一歩になるでしょう。

優越性の追求は誰もがもつ気持ち

▶「優越性の追求」とは？〔図1〕

人は誰しも無力な状態で生まれてくる。誰でも無力感をもつもので、そこから脱したいという欲求もまた自然なもの。

無力感をなくし、理想の自分を目指すのは自然な流れ。

▶ 無力感をきっかけに〔図2〕

無力感を覚えたら、それが出発点だと思おう。

仕事で結果を残せず、チームにも迷惑をかけている…

できることをする

チームのムードメーカーとしてコミュニケーションに力を入れるなど、今の自身の強みを活かし、できることを探す。

どうしたら結果が残せるか、上司や先輩にアドバイスをもらい、実践してみる。

小さな行動を積み上げよう！

悩み 05 仕事のできる同僚と比べ、劣等感を感じる…

解決のヒント 劣等感は誰にでもある感情。「成長の原動力」と考えて行動する

「同僚より仕事ができない…」「自分はダメな人間だ…」。理想の自分と比較して、現実の自分が劣っていると感じたときや、ものごとが思い通りにできなかったとき、**人は「劣等感」を感じます**〔**図1**〕。

劣等感は主観的なもので、客観的なものではありません。アドラーは**「劣等感は誰にでもある」**としつつ、**「健康で正常な努力と成長への刺激」**であると述べています。劣等感は誰しも感じるものなのですが、苦しい感情です。劣等感に対してどのような行動をするのかは人それぞれですが、人は劣等感を解消するために行動を起こすことがあります。

例えば、営業の仕事において「同僚より仕事ができない」という劣等感であれば、「売上を伸ばす」というポジティブな目標を立て、努力することで克服できたりします。このように、劣等感を補（おぎな）うために努力することを**「補償（ほしょう）」**と呼びます。

劣等感を「よりよく生きるための原動力」と考えれば、人は成長できるのです。自分に何かがあって劣等感を覚えたとき、ポジティブな方向に行くか、ネガティブな方向に行くかは自分次第です。劣等感を感じたときには、それはよりよく生きる原動力だと考えることが大切です〔**図2**〕。

044

人は劣等感を克服しようとする

▶「劣等感」とは？〔図1〕

アドラー心理学では、現実の自分と理想の自分とを比較して、「劣っている…」と感じることを劣等感と呼ぶ。

自分の理想が高ければ高いほど、劣等感は強くなる。

▶劣等感を「補償」する2つの方法〔図2〕

劣等感をもつことは苦しいので、なんとか劣等感を感じないようにしたいと考える。その方法として、ポジティブな補償と、ネガティブな補償とがある。

ポジティブな補償
理想の自分を目指して努力することで、劣等感をなくす。

ネガティブな補償
別のことで優越感を感じて、劣等感をなくす。

悩み 06 何かと理由をつけて、逃げるクセがある…

解決のヒント 「**劣等コンプレックス**」に陥ったら、
自分の本当の目的を見つめ直そう

資格試験の勉強をしたいのに、忙しさにかまけて勉強をサボってしまう…など、何か課題に立ち向かうとき、何かと理由をつけて先延ばしにしてしまうことってありますよね。このように考えてしまうのは、**「劣等コンプレックス」**が原因かもしれません。

人は誰もが「自分は劣っている」という劣等感（➡P44）をもっています。自分の劣る部分を埋める努力をして成長する人もいますが、劣等感によって行動することをあきらめてしまう人もいます。このように、**人生で取り組まなくてはいけない課題（ライフタスク ➡P28）を避けるほど劣等感が大きくなっていることを「劣等コンプレックス」といいます**〔**図1**〕。

資格試験の勉強をサボってしまうという行動の目的は、何かに挑戦して達成できないよりは、挑戦自体をしないでおくことなのかもしれません。

しかし、**劣等コンプレックスのせいで、挑戦することをやめてしまえば、今の状態にとどまり、そのままです**。もしも苦しくなったときには、自分の気持ちの奥底にひそんでいる敗北へのおそれを感じつつも、建設的な目的に向けて勇気をもって一歩踏み出すことが大切なのです〔**図2**〕。

046

目的に向かう勇気をもとう

▶「劣等コンプレックス」とは？〔図1〕

劣等感を口実に行動や努力をあきらめて、人生で取り組まなくてはいけない課題を避けてしまうこと。

劣等感が過度になってしまうと、劣等感が常に頭に浮かんでしまう。

▶ 劣等コンプレックスへの対処法〔図2〕

「自分が達成したい目的」を改めて見つめ、目的に向けて勇気をもって進むことが必要だ。

例 忙しさにかまけて、資格試験の勉強をサボってしまう…。

そのままにすると…
よくない自分
ずっと劣等コンプレックスに留まり続け、人生の課題から逃げ続けることになる。

勇気をもつと…
理想の自分
「資格試験合格」という目的を忘れずに、勇気をもって挑むことで成長していける。

「疲れているから今日はやめておこう」というのも、コンプレックスによるものかもしれない。

悩み 07 人からもっともっと認められたい…

解決のヒント　他人が自分をどう思うかは**他人の問題**。自分のことは**自分が認めてあげればいい**

　<u>**他人から認められたいという気持ちは「承認欲求」と呼ばれます。**</u>他人から認められればうれしいですし、逆に他人を認めてあげればその人も喜んでくれることでしょう。しかし、それは必ずしも必要なことでしょうか？

　まずは冷静に、<u>**自分が他人から認められたいのはなぜか**</u>をよく考えてみましょう。それは「他人にほめられる」「他人に認められる」こと自体を目的としてしまっているのかもしれません。このような目的だと、<u>**自己評価を他者に委ねることになってしまっている**</u>ともいえます〔**図1**〕。

　人からの承認に従って生きるということは、他人の顔色を気にして、他人に振り回されることにほかなりません。さらには、「誰も見ていないなら悪いことをしてもよい」「誰にも評価されないならよいことをする必要がない」という考え方に行き着いてしまうおそれもあります。

　<u>**他人が自分をどう思うかは、他人の問題であって、自分の問題ではない**</u>と考えることが、ときには必要です。他人の思っていることは変えられません。自分の価値は自分で認め、勇気をもって自分の人生を歩んで行くことが大切なのです〔**図2**〕。

自分で自分を認めてあげよう

▶「承認欲求」とは？〔図1〕

他人に対して、自分を価値ある存在として認めてほしい、ほめてほしいという欲求。

承認欲求は、他人から認められたいという自然な欲求。しかし、「他人からほめられる」ことばかり追い求めると、他人の顔色ばかりうかがう人になってしまう。

▶他人でなく、自分で認める〔図2〕

アドラーは、自分の価値を自分で認めることが大切だと考えた。

他人の「いいね」を気にするのではなく、自分の価値を自分で認めることが大切だ。

アドラーの言葉

私は自分に価値があると思えるときだけ勇気をもてる。そう思えるのは、私の行動が共同体に有益であると思えるときだけである。

出典：Karen Drescher他
『Adler Speaks: The Lectures of Alfred Adler』(iUniverse)

人生に活きる アドラーの言葉 3

虚栄心(きょえいしん)に
駆られないようにしなさい。
ベストを尽くして、
葉っぱが落ちるべきところに
落ちるにまかせなさい。

出典：G・J・マナスター『アドラーの思い出』（創元社）より

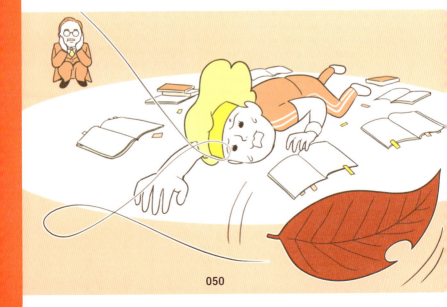

特別である必要はない。
ありのままの自分でベストを尽くそう！

　精神科医のルドルフ・ドライカースが、もっとも心に焼きついていると語ったアドラーの言葉です。ドライカースは、アメリカでアドラー心理学を発展させたアドラーの弟子です。アドラーは生徒たちにも、この言葉をくり返し伝えたといいます。

「虚栄心」とは、自分を実際より大きく見せて、優越性を得ようとする欲望です。本当はすごく勉強したのに「ぜんぜん勉強していないのに試験でいい点が取れたよ」とか、「僕は腕時計をたくさんもっていてくわしいんだ」など、自分を大きく見せるような自慢話をする人がいます。

　虚栄心が強いと、つい他人に自分を大きくひけらかしたくなります。こうなると、自分のすべきことより、人に自慢することが重要になってしまいます（➡P84）。

　そのためアドラーは、虚栄心に駆られるのではなく、**「ベストを尽くして、葉っぱが落ちるべきところに落ちるにまかせなさい」**という言葉をくり返したのです。自分がもっているものを使って、自分のすべきことにベストを尽くすことこそ価値がある。そして、結果という「葉っぱが落ちる場所」も気にする必要はないとアドラーは言っているのです。

　また、アドラーは**「虚栄心は、人間のあらゆる自由な発達を妨げる。結局のところ、絶え間なく、自分にとって有利がどうかということばかり考えるからである」**という警告の言葉も残しています。虚栄心に駆られて、自分を見失わないようにしたいですね。

できないことがあると、自分に言い訳してしまう…

解決のヒント　「しかたない」で終わらせずに、「できない」の裏にあることに目を向けよう

　やらなければならないこと、あるいは、やろうとしていたことができなかったとき、「これは〇〇のせいで、できなかった…」と自分に対して言い訳をしてしまうこと、ありますよね。これは、**自分に言い訳をして、本来やるべき課題から逃げている状態**だと見ることもできます。

　アドラー心理学では、ものごとを原因論ではなく、目的論でとらえます。「〇〇だから、△△できない」の裏には、別の目的があるのです。つまり、**課題から逃げることが本当の目的**で、努力を怠り、できないことに対して「しかたない」と言い訳をつくり出してしまっているのです〔**右図**〕。

　例えば、「人づきあいが苦手だから、営業成績が悪い」という悩みを考えてみましょう。それは、「人づきあいが苦手」という言い訳で、「営業で成果を上げる」という課題から逃げようとしているのかもしれません。

　「〇〇だから、△△できない」と思ったときは、自分は今、言い訳をしているかもしれないと考えてみましょう。そして、**逃げよう、避けようとしていたものは何かを見すえ、勇気をもって課題に取り組むことが大切**なのです。

原因論ではなく目的論で考える

▶「○○だから、△△できない」

このような考えをアドラー心理学では、人生の課題から逃げ出すための言い訳だと考える。

イケメンじゃないから彼女ができない…

仕事が忙しくて友人ができない…

まわりがうるさいから勉強がはかどらない…

愛の課題
パートナーがほしい

交友の課題
交友を広げる

仕事の課題
勉強をがんばる

人生の課題から逃げるため、「イケメンではない」を言い訳に使っている！

人生の課題から逃げるため、「仕事が忙しい」を言い訳に使っている！

人生の課題から逃げるため、「まわりがうるさい」を言い訳に使っている！

「○○だから、△△できない」と思ったら、課題に向けて、できることをしよう！

アドラーの言葉

「3つの課題」を達成する人は、誰でも圧倒的な困難に直面することに決してならないだろう。

出典：アドラー『恋愛はいかに成就されるのか』（アルテ）

悩み **09**

うまくできない自分に嫌気が差してしまう…

解決のヒント
自分のありのままを受け入れつつ、
短所を長所にとらえなおすのもひとつの手

「優柔不断で、何かを決めるときになかなか決断できない…」「せっかちなせいで、仕事のミスが多い…」。もっと上手に生きていきたいのに、うまく立ち回れない。そんな自分に嫌気がさしてしまうことがあるかもしれません。

アドラー心理学は**「使用の心理学」**と呼ばれます（➡P10）。**大切なのは、自分に何が与えられているかではなく、自分に与えられているものをどう使うか**です。人が幸せに生きるためには、まずは自分を「受け入れる」ことが必要なのです。

わたしたちの暮らす社会には、それぞれの分野において望ましい人間像というものがあります。仕事が速い、話がうまい、発想や才知に優れる…など。しかしアドラーは「人間は自分自身の人生を描く画家である」といいました。**社会的に望ましい人間像に惑わされずに、自分を認めて自分で自分を描くことが大事**なのです〔**図1**〕。「優柔不断」や「せっかち」などといった特徴は、自分がもっている能力を、自分がどう使っているかのあらわれです。**自分自身を受け入れたうえで、よりよい使用方法を考えてみてはいかがでしょうか**。例えば、「優柔不断」なら「注意深い」といったように、短所を長所ととらえなおすこともできますね〔**図2**〕。

054

自分の運命は自分で決めるもの

▶自分の人生は、自分で描く〔図1〕

人間は、自分の生き方を自由に選んで決断することができる。

アドラーの言葉

人間は自分自身の人生を描く画家である。

運命は変えられないものとは考えず、人間は自分の力で運命を切り開いて生きていけるというアドラーの考え。

出典：野田俊作監修『アドラー心理学教科書』（ヒューマン・ギルド出版部）

▶短所を長所にとらえなおす〔図2〕

自分の短所も、見方をとらえなおせば長所となる。

短所	長所に置き換える
臆病	なにごとにも慎重
気が強い	しっかり主張できる
優柔不断	注意深い
せっかち	行動力がある
かわいげがない	しっかりしている
口下手	聞き上手
おしゃべり	発信力がある
協調性がない	独自性がある
頑固	意志がかたい
八方美人	社交的
生意気	意志を通す

悩み **10** 完璧にしなきゃ
ダメじゃないかと思う…

**解決の
ヒント** なにごとも完璧にできる人はいない。
「**不完全でもいい**」と思えることが大事

　仕事においてもプライベートにおいても、完璧にこなせないと気がすまない…。いわゆる「完璧主義」な人がいますが、それがプレッシャーになってしまう人もいます。

　完璧を目指すことは悪いことではありませんが、完璧を目指すことがマイナスをもたらすことがあります。細部にこだわって大事なところを見落としたり、完璧を目指すあまり作業が遅れたりしてしまうこともあるでしょう。

　完璧でない自分を受け入れることは、気が進まないかもしれません。不完全さを受け入れることは、劣等感を刺激する可能性もあるので、あまり気持ちのいいものではありません。でも、人は一生懸命やったとしても、至らないところが出てくるものなのです。

　自分の理想通りではないというギャップを、寛大な気持ちで受け入れる強さを、アドラー心理学では「**不完全である勇気**」と呼びます〔**図1**〕。**自分の不完全さを、勇気をもって受け入れることが大事**なのです。失敗はこわいことかもしれませんが、一度失敗したからとめげてはいけません。人は不完全なものだということを意識して、失敗してもいいので、まずは行動を起こすことを心がけるとよいでしょう〔**図2**〕。

不完全である勇気をもとう

▶「不完全である勇気」
〔図1〕

完璧な人になるのは不可能で、自分の不完全さを受け入れる勇気が必要とアドラー心理学では考える。

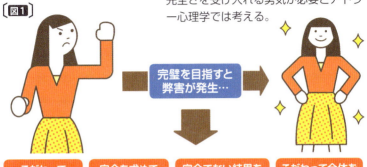

誰からも嫌われない「完璧」な自分になるのは不可能。ギャップを受け入れていく心の大きさや強さである「不完全である勇気」をもつことが必要。

▶ 失敗よりも目標を見つめよう
〔図2〕

一度失敗しても、不完全でも、めげないで続ける勇気をもつことが大切。

不完全であること、劣等感をもつことは悪いことではない。それでも、目標を定めて進むことが大切だ。

アドラーの言葉

劣等感、不確かであること、不完全であることは、人生において目標を設定することを強い、それを形作るのを助ける。

出典：アドラー『人間知の心理学』
　　　（アルテ）

悩み 11

どうしても人に嫉妬してしまう…

解決のヒント 嫉妬と羨望は似ているけれど違う感情。「正しく羨望」することを目指そう

自分より優れた相手をあおぎ見て、自分もそうなりたいと願う感情。これを**「羨望」**といいます。一方で、「自分が相手よりも劣っている」「恵まれていない」などと感じ、**相手を蹴落とそうとしたり、不幸を願ったりする感情**。これを**「嫉妬」**と呼びます〔**図1**〕。

嫉妬と羨望は、ともに劣等感から生じる弱さです。どちらも、劣等感から生まれる心の不足を補おうとして、劣等感を補償（優越性を追求）しようとします。

このとき、**羨望であれば「相手のようになりたい」と正しく劣等感を補償しようとします**。一方、**嫉妬の場合は劣等コンプレックスに根ざしているため、他人を非難しようとします**。アドラーは「嫉妬は他の人をけなし、非難などをするのに役立つ」として、「他の人から自由を奪い、呪縛・拘束するための手段」だといいました。嫉妬によって、パートナーが逃げ出さないように呪縛したり、相手をけなして足を引っ張り、排除したりすることを目指してしまうのです。

わたしたちがすべきことは、「嫉妬」で他人を蹴落とすことではありません。きちんと努力して自分の理想に向かって成長していくよう、**「正しく羨望」することが必要**なのです〔**図2**〕。

嫉妬は人間関係にマイナスの感情

▶「羨望」と「嫉妬」の違い〔図1〕

羨望と嫉妬は、どちらも劣等感から生まれる感情だが、異なる感情なので注意が必要。

羨望は、自分より優れた相手をあおぎ見て、自分もそうなりたいと思う気持ち。

嫉妬は、自分より優れた相手をうらやむあまり、相手の不幸まで願う気持ち。

▶「正しく羨望」することを目指そう〔図2〕

劣等感を感じたとき、「相手のようになりたい」と正しく羨望する気持ちをもてるとよい。

✕ 嫉妬
相手をうらやみ、蹴落とそうとする。

〇 羨望
相手のようになることを目指して努力する。

「正しく羨望」して理想に近づく!

人生に活きる アドラーの言葉 4

自分がなしとげたことでなく、他の人の価値を下げることで秀(ひい)でようとすれば、そのことは、弱さの兆候(ちょうこう)である。

出典：アドラー『子どもの教育』（アルテ）

他の人を見下すような物言いの裏側にある「優越コンプレックス」を取り除こう

この言葉は、**「優越コンプレックス」**をもつ人をあらわしたアドラーの言葉です。

「お前、へたくそだなあ」「こんなの誰でもできるよ」などと、人を貶めるような物言いをする人、いますよね。このような物言いをする人の特徴として、他人をほめようとしないこと、また、他の人がほめられると腹を立てることを挙げています。そしてこれは、「弱さの兆候」だとアドラーは考えました。

アドラーは、**このような兆候にある人に対して、他人への敵意の感情をすみやかに取り除くようにすすめています**。他人がミスしたり正しくないことをしたりしたとしても、それを見下すような考え方ばかりをしていると、「優越コンプレックス」につながりうるからです。

優越コンプレックスとは、劣等コンプレックスの一種で、自分の劣等感を隠すために、自分が他人よりも優れているかのようにふるまうことです（➡P70）。優越コンプレックスに陥ってしまわないためにも、他人をさげすむことで自分の価値を確かめようとするのでなく、自分自身が何を成し遂げたかで自分の価値を認識することが大切なのです。

このような相手を大したことがないと貶めて、自分の価値を高めようとする行動は**「価値低減傾向」**という形でもアドラーは説明しています（➡P86）。価値低減傾向は、虚栄心のあらわれのひとつなのです。

061　人の悩みとアドラー心理学〈自分の心と仕事編〉　**2章**

悩み 12 失敗がこわくて何もできない…

解決のヒント 誰しも失敗はするもの。失敗する勇気をもち、自分を勇気づけしよう

　誰しも「失敗したい」とは思いませんよね。失敗すると自尊心が傷つきます。ただ、世の中には「失敗したことがない」という人はいません。いくら完璧に見える人物でも、間違いはしてしまうものなのです。

　そして、人は失敗から学ぶことができます。アドラーは**「失敗は決して勇気をくじくものではなく、新しい課題として取り組むべきものである」**と言っています。失敗をおそれない**「失敗する勇気」**をもつことが大事なのです〔**図1**〕。

「失敗したくない」と思うあまりに挑戦から逃げてしまう人は、**勇気が不足している人**といえます。勇気が減っていると、失敗することをおそれ、失敗をさけるためにさまざまな言い訳をしたくなるものです。

　責任を引き受けて、人生の課題に立ち向かうためにも、アドラーが提唱するように楽観主義的になり（➡P66）、「誰でも何でも成し遂げることができるんだ！」と自分を勇気づけていきましょう。アドラーは、人生の課題に立ち向かうための大事な勇気として、**「不完全である勇気」「失敗をする勇気」「間違いを明らかにする勇気」**の３つの勇気の形を挙げています〔**図2**〕。

失敗は勇気をくじくものではない

▶失敗をおそれない勇気をもとう〔図1〕

失敗は勇気をくじくものではなく、「新しい課題を知ることだ」と考えて取り組もう。

勇気をもつと、失敗はおそれるものではなく、いつか道は開けると考える。

勇気がくじかれていると、失敗がこわくなってしまう。

▶3つの勇気とは？〔図2〕

アドラーは人生の課題に立ち向かうための大事な勇気として、3つの勇気を挙げている。

不完全である勇気
完璧にこだわらず、不完全な成果でも受け入れる余裕をもつ。

失敗をする勇気
失敗から学び、自分のこれからの成長に活かす勇気。

間違いを明らかにする勇気
自分が失敗したこと、間違っていることを認める勇気。

悩み 13 過去の失敗を思い出して
前に進めない…

**解決の
ヒント** 過去の失敗を失敗ととらえてはいけない。
挑戦した結果と考え、成長に目を向けよう

　過去に失敗をしてしまったために、新しいことに挑戦できない…。
そんなとき、どうしたらよいのでしょうか？

　この場合、自分が過去の出来事を**「失敗」**と意味づけているので、
嫌な思い出としてあれこれよみがえり、同じ過ちをくり返すのでは
ないかと考えてしまいます。

　反対に、過去の出来事を**「挑戦した結果」**と意味づけるとどうな
るでしょうか。怒られたことを思い出しもしますが、「自分がどん
なふうにしていたのか」「相手の気持ちはどうだったか」など、**大
切なことに気づくことができるはず**です〔**右図**〕。

　アドラー心理学では、どのような経験があったとしても、**その経
験のせいで人がダメになってしまうとは考えません**。すべては現在
の自分自身が過去の出来事に対して行う「意味づけ」次第なのです。

　例えば、「わたしはダメだ」と意味づけしていれば、そのメガネ
でものごとを見るようになります。**そんなときは、「わたしはなん
とかやれている」「わたし、もっとできそう」など、別の意味づけ
に変えていくようにしましょう**。現在の、そしてこれからの人生を
決めるのは、「過去」や「トラウマ」ではなく、現在の自分自身の
考え方なのです。

失敗をどうとらえるかが重要

▶過去のうまくいかなかった出来事をどうとらえるか

過去の失敗に対する意味づけを変えて再挑戦を行うことで、過去の失敗を乗り越えることができる。

例 業務でプレゼンすることを頼まれた。

過去の出来事

以前、営業先の企業で自社企画を説明したところ、持参したプレゼン資料が詰め込みすぎて読みづらく、うまくいかなかった。

これを「失敗」と意味づけていると…

「過去の失敗」をくり返すに違いないと考えて尻込みしてしまう。

また失敗しそう…

→ もうダメだ…

これを「挑戦した結果」と意味づけていると…

過去に「挑戦した結果」を、次に活かすチャンスととらえる。

もっとわかりやすくする！

→ 再挑戦します！

ものを見るとき、わたしたちは主観に基づき「意味づけ」して、ものを見ている。

悩み
14 ものごとを悲観的にしか とらえられない…

解決の ヒント 人生は**楽観主義**でとらえるべき。
悲観せず、**失敗を糧にする意識**をもとう

なにごとも悪いほうに、悲観的に考えてしまう…。いわゆる悲観主義ですが、アドラー心理学では悲観主義でなく、**「なんとかなるさ」と考える楽観主義が望ましい**と考えます。

アドラーは、「楽観主義者は、あらゆる困難に勇敢に立ち向かい、深刻に受け止めない」と言っています。楽観的な人は、たとえ失敗したり間違ったりしても、挑戦した結果をもとに、課題に対してまた勇気をもって立ち向かえる人だからです。

「人生はどうにもならない」という悲観的な考えに対して、アドラーは**「悲観主義者のまなざしは常に人生の影の面に向けられ、楽観主義者よりも、人生の困難を意識し、容易に勇気を失う」**と言いました〔**図1**〕。人は悲観的な気持ちに流されがちですが、楽観的に困難に立ち向かうことが大事なのです。楽観や悲観の考え方がつくられる背景には、子ども時代の経験も大きく関わっていると考えられています〔**図2**〕。

ちなみに、アドラー心理学を用いたカウンセリングの現場では、「治療者・援助者が悲観的だと、ものごとは解決しない。だから治療者・援助者は楽観的であるべし」という**「治療的楽観主義」**を重視しています。

066

「人生どうにもならない」とは考えない

▶「楽観主義」と「悲観主義」とは？〔図1〕

アドラー心理学では人生の課題に立ち向かうとき、楽観的な考えをもつことが望ましいと考える。

楽観主義
自分ができることをすれば、なんとかなるかもしれない

楽観的な人は、困難に立ち向かう勇気をもっている人ともいえる。

悲観主義
何を努力したって、人生、どうにもならない

悲観的な人は、困難に立ち向かう勇気をくじかれている人ともいえる。

▶楽観主義と悲観主義の背景〔図2〕

アドラーは、悲観主義は子ども時代の困難な体験にもよると考えた。

例 志望校に受かるか、子どもが心配しているとき…。

親が悲観を吹き込むと、子どもは悲観的に
「落ちたらどうするんだ」
「勉強しないと落ちるぞ」
などと伝える。

親が楽観を吹き込むと、子どもは楽観的に
「やるだけやってみなさい」
「志望校で何をしたいの？」
などと伝える。

悩み 15

叱っても変わってくれない…

解決のヒント 叱る・ほめるなど「縦の関係」の言葉を使わず、仲間としての「横の関係」を目指そう

　仕事における上司と部下の関係で、上司がいくら部下を叱っても変わってくれない…。そんなとき、どうすればよいのでしょうか？

　アドラー心理学においては、**「叱る」「ほめる」という行為を「縦の関係」**として見ています。「叱る」「ほめる」は、立場が上の人が下の人に対してする行為です〔**図1**〕。一方で、職務上の上下関係はあったとしても、**相手を対等な人間として見て接するのが「横の関係」です**〔**図2**〕。

　会社では上司が部下を指導するのは必要なことです。しかし、叱ってばかりいると、部下は失敗を隠したり、嘘をついて隠蔽をはかったりするかもしれません。このような場合、縦の関係に基づく言葉は使わず、**横の関係で接してみてはどうでしょうか**。

　アドラーが、精神面に問題を抱えた患者から殴りかかられたことがありました。アドラーはそのとき、相手を叱るのではなく、「どうしたら一緒に治療を進めていけるかを考えよう」と語りかけたそうです。その患者は、自分を仲間として扱うアドラーから生きる勇気をもらったといいます。

　叱るのではなく、部下の視点に立ち、一緒に課題を考えてみることが重要なのです。

他人とは、横の関係を意識しよう

▶「縦の関係」とは？〔図1〕

上司と部下、教師と生徒といった主従ができるような関係。支配・従属関係がつくられる。

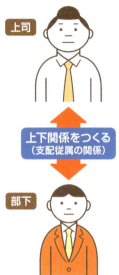

上下関係をつくる
（支配従属の関係）

例えば、遅刻してくる部下を叱るだけでは相手の事情も聞き出せない。部下の反発を呼ぶこともある。

▶「横の関係」とは？〔図2〕

年齢・性別・地位などあらゆる違いに関係なく、互いを対等な人間として認め合う関係。相手を勇気づけるためには、横の関係をつくることが必要。

対等な関係をつくる

遅刻してくる部下に対して、「どうしたらいいかな？」などと一緒に考えられる関係をつくれば、解決の糸口をつかめるかもしれない。

悩み 16 人を小ばかにしたような態度の人って何なの…

解決の ヒント 劣等感の裏返しなのだと考えると、相手のことがわかるでしょう

「そんな安っぽいもの使ってるの？」など、何かにつけて人のことをけなしたり、小ばかにしたような態度で接してくる人っていますよね。アドラー心理学では、このような人は**「優越コンプレックス」**の状態にあると考えます。

「優越コンプレックス」とは、**自分のもつ劣等感を穴埋めするために、人前で自分を大きく見せようとしたりすること**です〔**図1**〕。まわりの人たちを低く見ることで、**自分の価値を相対的に高く感じようとする行動**です。

アドラーによれば、「普通」の人は優越コンプレックスをもっていないといいます。自分は「普通」ではいけない、「特別」でなければいけない、という思いの強い人が優越コンプレックスに陥ったり、人を貶める行動に出たりするというのです。

例えば、まわりに人を小ばかにするような人がいたなら、それは**劣等感の裏返しの行動と理解するとよいでしょう**。もしあなたに「優秀でなければいけない」「尊敬されなければいけない」というような、特別でありたいという思いがあるとしたら、自分の中に優越コンプレックスがあるのかもしれません〔**図2**〕。ちなみに、虚栄心も優越コンプレックスのあらわれとされます（➡P84）。

070

普通の人は優越感をもたない

▶ 優越コンプレックスとは？〔図1〕

過度になった劣等感を隠すために、自分が他人よりも優れているかのようにふるまうこと。自己愛とも言われる。

劣等感が強く、理想の自分とかけ離れていて苦しい状態。

優越コンプレックス

自分を大きく見せたり、他人を低く見たりすることで、偽りの優越性を得た状態。

▶ 特別である必要はない〔図2〕

アドラーは「普通の人は優越コンプレックスをもっていない。優越感すらもたない」と言った。

アドラーの言葉

> 優越コンプレックスは、劣等コンプレックスをもった人が困難から逃れるために用いる方法のひとつ。

出典：アドラー『個人心理学講義 生きることの科学』（アルテ）より一部改変

劣等感の裏返しで、優れているフリをすることが優越コンプレックス。自分が陥りそうなときには「不完全である勇気」（➡P56）をもち、特別である必要がないことに気づくことが大切だ。

その時、アドラーは…②

Q 失礼な若者の心理を見抜く探偵のようなひと言とは？

アドラーがホテルで他の教授といたとき、若い男性が話しかけてきました。「わたしはおふたりが心理学者であることは知っています。でも、おふたりはわたしがどのような人間かわからないでしょう？」と。アドラーはどんな言葉を返したでしょうか？

A あなたは失礼な人ですね

B あなたはうぬぼれ屋ですね

若者の態度、言葉から、初対面でも心の内を見抜いた！

　この出来事は、アドラーとイギリスのレックス・ナイト教授がホテルのラウンジで談笑していたときの話です。声をかけてきた若者はアドラーのことを心理学者と知っており、「心理学者なのに、自分の心理はわからないだろう…」と、ある種**心理学者をくさしたような言葉**を放ったのだと思われます。

　若者の言葉にナイト教授は戸惑いましたが、アドラーは次のように返しました。

「あなたについてわかることはありますよ。あなたはとてもうぬぼれ屋ですね」

　若者が不満げに、「どうしてわたしがうぬぼれているというのですか？」と聞き返したところ、アドラーは「ソファに座っている見知らぬふたりの男のところにやってきて、自分についてどう思うかと尋ねる行為は、うぬぼれてはいませんか？」と答えました。その言葉を聞き、若者は引き下がったといいます。

　なので、答えはBの「あなたはうぬぼれ屋ですね」です。もちろん若者は失礼な人ですが、アドラーはさらに、**若者が他人の価値を落として優越感を得る強い虚栄心の持ち主だと見抜いた**のです。

　アドラーはまるで探偵シャーロック・ホームズのように、**小さな手がかりから患者の性格を分析する**ことを好み、得意技のひとつとしていました。実際、探偵ホームズの小説を愛読していたようです。アドラーの心理療法は公開で行われることが多く、聴衆はこの魔法のようなアドラーの分析を喜んだといいます。

悩み17 人が思うように動いてくれなくてイライラする…

解決のヒント 自分への執着に気づき、日頃から相手を理解しようと努めよう

　他人は自分が思ったように動いてくれるものではありません。けれども友人だったり、夫婦だったり、子どもだったり、同僚だったりが、自分の思うように動いてくれないと、イライラしてしまう人は案外多くいます。

　そういう人は、自分を世界の中心に置いています。そして、**他人が自分の希望通りに動いてくれないことに憤りを覚えている**のです。このような状況を、アドラー心理学では**「自分への執着」**と呼んでいます〔**図1**〕。

　他人には他人の考え方があります。自分が正しいと思うことでも、その人にとって正しいこととは限りません。**自分の立場だけでなく、他人の立場で考えることも大切**です。自分への執着から離れるためには、日頃から他人の立場で考えることも大切なのです。そのためには、日頃から相手を理解しようと努めることが必要です。

　他人も自分も対等な仲間だと考え、共同体感覚をみがきましょう〔**図2**〕。仮に、相手が共同体感覚をもっていなかったとしても、自分の執着から離れて相手を理解することからはじめることが大切です。「この世界はわたしの世界だ。待ったり、期待しないで、まずは自分からはじめることが重要だ」ともアドラーは言っています。

自分よりも他人に関心をもとう

▶「自分への執着」とは？〔図1〕

いつの間にか自分を世界の中心に置いている。

相手のことがわからないと、自分が正しいと思うことをしていない人に怒りを覚える。

▶他人を理解するためには〔図2〕

他人への接し方には、いくつかのコツがある。

自分と人は違うことを知る

相手の物の見方・考え方は、自分とは違うこと。そして、相手の考え方は変えられないと知ろう。

相手の気持ちを考える

相手の立場になって、相手の目で見て、相手の耳で聞き、相手の心で考えて、理解しようと努めよう。

悩み 18 わたしの「普通」が理解してもらえない…

解決のヒント 「**私的論理**」でものごとを見ているかもしれない…と**疑ってみよう**

「何してるの？ "普通"まずはサンプルを作るでしょう」「この手の仕事は、"普通"はもっと早く終わるのに」。こんな言い方をしてしまっていることはありませんか？

アドラー心理学では**「人は自分の考えている通りの人になる」**と考えます。生まれてから家族や教師、友だちと関わるなかで、人は「自分はどのような存在になりたいか」「何が正しくて、何が間違っているのか」という考えを確立していきます。**そのなかでも個人の色彩の強い考え方を「私的論理」と呼びます**〔**図1**〕。

私的論理の言葉は、自分にもまわりにもよい影響を与えません。例えば、「それ知らないの？ 〇〇〇は普通だよ」の「普通」と思っているものは、人間共通のものではなく自分だけの私的論理となります。自分の人生で体験し、確立してきた考えではあるのですが、このようなものの見方は、自分だけの考えにしか過ぎないのです。

自分は私的論理でものごとを見ているかもしれず、もしかすると**その「普通」は、実は常識や共通感覚ではなく、私的論理なのかもしれない**と考えるようにしてみましょう〔**図2**〕。ちなみに、自分やまわりにマイナスをもたらすような私的論理を「ベーシック・ミステイク」といいます（➡P108）。

076

「普通だよ」は私的論理の言葉かも

▶「私的論理」とは？〔図1〕

私的論理とは、人それぞれがもつ独自の「考え」のこと。人は私的論理を通してものごとを見ている。

自分だけの考え＝私的論理

犬すごくこわい…

かわいい犬だなあ

犬に関する共通の「考え」はないので、考え方が違って当然！

▶私的論理の言葉に気をつけよう〔図2〕

「忙しいときは普通残業するでしょ？」は、私的論理の言葉かもしれない。

私的論理の言葉の例

- 仕事が忙しいのに普通定時で帰らないでしょ
- プロならこれくらいできて当然だよ
- ○○がなければ、これからは生き残れないよ！

私的論理に根ざした言葉は、相手に響かない。自分が私的論理でものごとを見ているかもしれない、ということを疑ってみよう。

悩み 19 同僚と意見が
合わなくてイライラ…

**解決の
ヒント** 互いの「**私的論理**」に注目。
相手の考え方を知り、調整しよう

　仕事の仲間との意見がなかなか合わなくて、ストレスになる…。例えば、かんたんな事務作業なら先に片づけたほうが効率がいいと自分は思うのに、同僚は大きな仕事に集中したいからと事務作業を最後まで残す…など。互いの意見がぶつかるとイライラしますね。このような場合、どうするとよいのでしょうか？

　まずは「**私的論理**」に気をつけることが必要です（➡P76）。自分のほうが効率がよいと思う考え方も、同僚の考え方も、各人が選んだ個人的な論理です。**私的論理はあくまでその人だけの考え方なので、他人には合わないことがあります。**

　私的論理が相手に通用しない場合には、相手と話し合って、互いの考え方をすり合わせることが必要です。少人数の職場なら「それぞれのやり方でよいから、期日は必ず守ることが第一」などといった共通のルールを決めることで、それぞれのストレスは軽減されるかもしれません〔**右図**〕。

　このようにして、職場で私的論理を互いに調整することが、トラブルの防止に役立ちます。それには、アドラーのいう「**相手の目で見て、相手の耳で聞き、相手の心で考えること**」という、相手の枠組みを知ろうとする姿勢が大切です。

私的論理はその人だけの考え方

▶ 私的論理によるトラブルをなくそう

私的論理は個人的な考えなので、他人に対して適用するとトラブルになることがある。

例 仕事の進め方で意見が合わない。

私的論理
仕事は小さなものでも後回しにすると効率が悪い！

それぞれ私的論理は異なって当然。他人に押しつければトラブルとなるかもしれない。

私的論理
細々した仕事を差し込むと効率が悪くなる！

ルールを共有
締め切りを守れば、それぞれの仕事をするタイミングは各自にまかせる！

相手と話し合い、共存の方向で仕事を進める

アドラーの言葉

われわれが反対しなければならないのは、自分自身への関心だけで動く人である。この態度は、個人と集団の進歩にとって、考えられるもっとも大きな障害である。

出典：アドラー『人生の意味の心理学』（アルテ）

悩み 20 つい厳しい言葉で相手を責めてしまう…

解決の ヒント 勇気を減らす言葉は積極性を奪う。相手を尊重する言い方を考えよう

例えば仕事で、何度教えても同じ失敗をする相手に厳しくダメ出しをした結果、相手が落ち込んだり、関係性が悪くなったりしてしまった…ということがありませんか？　このように相手を責めることは、相手の「勇気」をくじくことにつながってしまうので注意が必要です。**勇気がくじかれると、人は積極的な行動ができなくなり、消極的になってしまいます**。

勇気をくじく一因として、**高すぎるハードル設定**があります。達成できない目標を与えられると人は追いつめられ、挑戦する気持ちも失せてしまうものです。ほかにも、**達成できていない部分を執拗に指摘するような言葉もNG**です〔**図1**〕。

解決策のひとつとして「わたしは」を主語に使って自分の意見を述べる**「アイ・メッセージ」**を使ってみましょう。「あなたは」を主語にすると、「【あなたは】何回言ったらわかるの？」ときつい物言いになりがちです。そこで、「わたしは」を主語にして、「【わたしは】言ったことが伝わらないので困っています」と伝えるようにするのです。**相手の行動に困ったときは、あくまで自分の困った状態を述べるだけにします**。そのように意識して、相手の勇気をなるべく減らさないようにしましょう〔**図2**〕。

080

勇気を減らす言葉はNG

▶勇気を減らす言葉〔図1〕

他人に勇気を減らす言葉を使うと、相手は積極的な行動ができなくなる。

高いハードル設定
達成できない目標を与えられると、人は追い詰められ、やる気をなくす。

相手を大切にしない言葉
言葉づかいや態度などで、相手を乱暴に扱っているような言動。

▶「アイ・メッセージ」を使う〔図2〕

相手の行動に困ったときは、主語に「わたしは」を使い、自分の困った状態を述べるに留める。

例 何回教えても、失敗する部下に対して…。

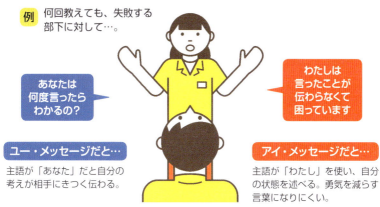

ユー・メッセージだと…
主語が「あなた」だと自分の考えが相手にきつく伝わる。

アイ・メッセージだと…
主語が「わたし」を使い、自分の状態を述べる。勇気を減らす言葉になりにくい。

その時、アドラーは…③

Q 数学が苦手な子どもを得意に変えた言葉とは？

アドラーの次女・アレクサンドラは、10歳のときに転校しました。転校して間もなく、彼女は数学を苦手に感じて、最初のテストのときに逃げ出し、家に帰ってきてしまったそうです。そんな彼女に対して、アドラーはどんな言葉をかけたのでしょうか？

A 苦手だったら、無理してやらなくていいよ

B やってみたら、おまえは全部できるのに

子どもを信じて見守り、勇気づける言葉をかけることが大切！

　アドラー心理学で、多くの子育てに関する理論を残したアドラー。子どもが4人いたということですが、どのように接してきたのでしょうか？　今回のエピソードは、次女のアレクサンドラとのエピソードです。**数学が苦手だと悩むアレクサンドラ**に対して、アドラーは次のように声をかけたといいます。

「なになに？　おまえは、他の誰もができることを（おまえが）できないなんて、そんなばかげたことを本当に考えているのかい？やってみたら、おまえは全部できるのに」

　アドラーからこの言葉をかけられて、アレクサンドラはすぐに数学が得意になったそうです。

　実は、学校の先生は最初に、アレクサンドラに次のような言葉をかけていたそうです。「落第するかもしれませんよ」。このようなおどしは、典型的な勇気を減らす言葉です。**アドラーの言葉から勇気をもらったアレクサンドラは、先生からの勇気をくじく言葉を無視し、苦手な数学を克服できた**のです。

　成長したアレクサンドラは、父と同じ医学の道に進みました。職業を選択するときも、アドラーは「こうしたほうがいいよ」ということは何も言わなかったそうです。ただ、アドラーはアレクサンドラがいろんな報告や相談をしやすいように、いつも時間を見つけては子どもの話に耳を傾けていたそうです。

　ということで、答えはBの「やってみたら、おまえは全部できるのに」です。**娘を勇気づける言葉**が響いたのですね。

悩み 21 つい自分を大きく見せたくなってしまう…

解決のヒント
虚栄心（きょ えい しん）が強いことが原因。
虚栄心をひけらかすと自分を見失う

「僕は〇〇〇にくわしい」など、自慢ばかりしている人がいます。このように、**自分を大きく見せて優越感を得ようとする心を「虚栄心」**といいます〔**図1**〕。

人は誰でも虚栄心をもっていますが、あまり表に出さないものです。虚栄心を見せつけるのは他人によい印象を与えません。しかし、**虚栄心が強すぎると、つい「自分がいかに優れているか」を他人にひけらかしたくなります**。虚栄心はふくらむと、外にあふれ出てくるのです。

この状態は「自分は特別に優れている」という優越コンプレックスにつながります〔**図2**〕。優越コンプレックスとは、自分のもつ劣等感を穴埋めするために、自分を大きく見せようとしたりすることです（➡P70）。虚栄心を見せびらかすことが、自分の優越性の提示なのです。

アドラーは、虚栄心のあやうさを指摘していました。そのため、「虚栄心に駆られないようにしなさい。ベストを尽くして、葉っぱが落ちるべきところに落ちるにまかせなさい」とよく伝えていたそうです。また、「虚栄心は、人間のあらゆる自由な発達を妨げる」という言葉も残しています（➡P50）。

虚栄心とは優越コンプレックスのひとつ

▶「虚栄心」とは?〔図1〕

自分を大きく見せて優越感を得ようとすること。

アドラーの言葉

どんな人にも虚栄心はある。しかし、虚栄心を見せつけることはよい印象を与えないので、たいていは、しっかりと隠されているか、さまざまな形をとる。

出典:アドラー『性格の心理学』(アルテ)より一部改変

虚栄心は、他人にあまりよい印象を与えない。

▶虚栄心が強くなりすぎると…〔図2〕

虚栄心が強くなりすぎると、まわりから見てもしらじらしく不快な感じをまき散らすことになる。

虚栄心が強すぎると、自分がいかに優れているか、どんどん他人にひけらかしたくなって長話になる。

悩み
22 他人への悪口を
つい言ってしまう…

**解決の
ヒント** **「他人を落としても、自分の価値は上がらない」**
と意識することが大事

「あの人、性格悪いよね」「あいつ、全然仕事できなくてイラつく」
「〇〇さんはすごいのに、あの人は全然ダメだよね」。このような人
を貶（おと）めるような悪口は、アドラー心理学では**「価値低減傾向（かちていげんけいこう）」**と呼
ばれます〔**右図**〕。**相手を大したことがないのだと貶めることで、自
分の価値を高めようとする行為で、虚栄心（きょえいしん）のあらわれのひとつ**と考
えられています。価値低減傾向をもつ人は、他人の価値を引き下げ
ます。**他人の不幸を願い、世間がその人の価値を認めることを嫌が
るのです。**

　虚栄心は誰もがもつ心の働きなのですが、たとえもっていたとし
ても普通は隠れています。ただ、虚栄心が強くなると、悪口を言う
ことで自分の優越感を得ようとしてしまうのです。やがて、「自分
は特別に優れている」という優越コンプレックスが人生の目標にな
ってしまえば、**悪口を言うことで自分の優越感を証明できると錯覚（さっかく）**
し、自分の人生の課題に集中できなくなってしまうのです。

　他人を貶めても、自分は何も努力をしていないので、自分の価値
は上がりません。自分の価値は、自分の課題をみずからクリアして
こそ高めることができるのです。他人の悪口を言うことの裏には、
優越感を得ようとする動機がひそんでいるのです。

086

他人への悪口は控えよう

▶「価値低減傾向」とは?

他人を貶めることで、自分の価値を高めて優越感を得る行為。虚栄心のひとつのあらわれ。

| 他人の価値を攻撃する | → | 他人を貶めて優越感を得る |

- あの人、性格悪いよね
- あいつ、全然仕事できなくてイラつく
- ○○さんはすごいのに、あの人は全然ダメだよね

価値低減傾向が強くなりすぎると…

相手の価値を認めない
でもあいつ親切よ
自分が下げた相手の価値を認められなくなる。

悪口が止まらなくなる
悪口 悪口 悪口
悪口を言い続けることで、優越感を証明しようとする。

アドラーの言葉

虚栄心をもつ人が絶えず示す軽蔑や侮蔑を、われわれは価値低減傾向と呼んでいる。

出典：アドラー『性格の心理学』（アルテ）を一部改変

他人の悪口を言っても、自分の価値は上がらない！

人生に活きる アドラーの言葉 5

勇気を スプーン一杯の 薬のように 与えることはできない

出典：アドラー『子どものライフスタイル』（アルテ）

勇気は課題を解決する「薬」ではない。本人が解決する勇気をもつことが大切

　これは、アドラーが公開カウンセリングの中で発した言葉です。

　アドラーは、何度も盗みをくり返す12歳の少年と父親の相談を受けました。少年は自分だけでは盗みはしませんでしたが、ギャングの仲間に入り、リーダーの命令のままに盗みをしては捕まってきました。相談の時点で、少年は裁判所の保護観察中の身でした。

　アドラーは、この少年は他人にリードされることを好む性格だと見抜きます。そこで、「他人にリードされることは誤りであること」「少年は何でも自分でできる強さをもっていること」「ギャングの命令に抵抗すること」を助言しました。

　この公開カウンセリングを見ていたある生徒が、「勇敢でいることは価値のあること」と少年に感じさせる方法はあるか？　とアドラーに問います。これに答えたのが左の言葉です。

　薬を飲んで病気を治すように、勇気を薬のようにパッと与えて増やすことはできません。そのような安っぽいものではありません。**勇気は、心からくり返し根気強く与える必要があるのです**。アドラーは続けます。

　「われわれがしなければならないことは、**もしも自分を過小評価しなければ、もっと幸せになるということを彼に示すこと**である。彼にギャングの命令に抵抗させることができれば、すぐに彼は勇気の利点を発見するだろう」

　まわりの人々が、勇気を失った人の自尊心を増加させれば、勇気は自然と湧いてくるものだともアドラーはつけ加えています。

悩み 23 仕事を辞めたら、自分は無価値…?

解決のヒント 共同体は**会社だけではない**。**自分のまわりの共同体**に目を向けよう

今まで会社中心で生きてきて、定年退職を迎えたとき、**肩書とともに自分の価値も見失ってしまいます**。仕事に一生懸命であればあるほど、そうなりかねません。家のことは人にまかせきりにしていて、いざ定年後に家のことをやろうとしても、何も家事がわかっていない…なんてこともあります。

アドラーは**「人の価値は、共同体の分業において人に割り当てられている役割をどのように果たすかということによって決められる」**という言葉を残しています。

そしてアドラー心理学では、**人の幸せのひとつとして共同体への貢献感や所属感を挙げています**（➡P16）。先ほどの例では、会社で誰かの役に立っているという実感があったのに、**退職したために貢献感を得られなくなり、幸せを失ってしまった**…ということなのです〔**図1**〕。

しかし、**共同体は会社だけに限りません**〔**図2**〕。家族もひとつの共同体ですし、自分の住んでいる地域、趣味の仲間、インターネットを介したつながりも共同体ということができます。自分のまわりにある職場以外の共同体にも目を向ければ、所属感や貢献感を感じる機会が生まれてくるでしょう。

会社以外に自分の居場所を探そう

▶ 共同体への貢献感が幸せにつながる〔図1〕

自分が社会の役に立っている実感のこと。貢献感を得ることで、自分の居場所を実感できるようになり、人生の幸せにつながる。

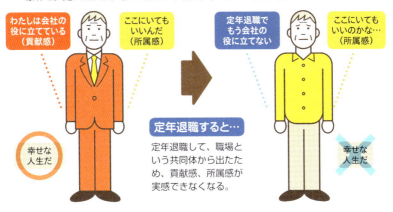

▶ 共同体は会社だけではない〔図2〕

会社でも家庭でもないサードプレイスをもつこともできる。

職場ではない、自分のまわりの共同体に目を配ろう。

アドラーの言葉

私たちはみな仲間です。どの国の人であってもコモンセンスのある人なら同じ仲間に感じます。

出典：エドワード・ホフマン『アドラーの生涯』（金子書房）

悩み 24 生活の中心が仕事になってしまっている…

解決のヒント 人生の課題は仕事だけではない。バランスよく人生に取り組むことが必要

　ワーカホリック＝仕事中毒とは、私生活を犠牲にして、仕事一筋で生きている状態のことです。仕事に打ち込むことは悪いことではありませんが、人生の幸せを考えたときに注意が必要です。

　アドラー心理学では、**人生でやらなくてはいけない３つの課題**として**「仕事の課題」「交友の課題」「愛の課題」**を挙げ、これらを**「ライフタスク」**と呼んでいます（➡P28）。仕事の課題とは、社会人なら仕事、学生なら勉強など、その人の取り組むべきことを指します。つまり、**ワーカホリックの人は、他の２つの課題を見過ごしている人**なのです。

　人生は、家事にも育児にも交友にも関心を寄せるべきで、**どこかが突出した生き方だと、バランスを欠くことになります**〔**図1**〕。自分にできることである仕事の課題に全力で取り組むことは悪いことではありませんが、交友と愛の課題をないがしろにしかねません。

　現在では、仕事とプライベートとの調和をとり、両方を充実させる生き方である**「ワークライフバランス」**という考え方も増えてきています〔**図2**〕。ワークライフバランスのためにも、アドラー心理学の「仕事の課題」「交友の課題」「愛の課題」という３つのライフタスクのバランスに目を向けるようにしましょう。

人生の課題にバランスよく取り組む

▶ ライフタスクはバランスが必要〔図1〕

ライフタスクは、生涯にわたって同時並行的に課される課題。バランスよく取り組むことが必要だ。

| 仕事の課題 | 交友の課題 | 愛の課題 |
低 ←——— 難易度 ———→ 高

仕事、交友、愛の順番で親密になるので、課題の難易度が増す。

▶「ワークライフバランス」とは?〔図2〕

自分の時間を「仕事に使う時間」と「生活に使う時間」とでどのようなバランスにしているかという考え方。

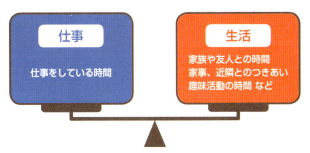

仕事
仕事をしている時間

生活
家族や友人との時間
家事、近隣とのつきあい
趣味活動の時間 など

仕事と生活の時間のバランスがとれると、人生の全体が充実する。

悩み 25 仕事が大変で 会社に行きたくない…

解決の ヒント **会社に行きたくない行動**を、 **原因**からでなく**目的**から探ってみよう

　仕事がつらい、会社に行きたくない…。社会は厳しいものですので、ときにこうした思いを抱くこともあると思います。このようなとき、どう対処するとよいのでしょうか？

　自分の仕事がつらいと感じるとき、人はその原因を探ろうとします。そうすると、「会社の環境が悪いせいだ」「人間関係に疲れたせいだ」などの原因が思い当たるかもしれません。ただ、このように原因を突き止めたとしても、「じゃあどうすればいいのか？」という問いには答えにくいのではないでしょうか。このように、**悩みに対して原因を探って解決しようとするのが原因論**です。

　アドラー心理学では、**人のすべての行動には目的があると考えます**（目的論 ➡ P158）。目的論から考えた説明を考えてみましょう。そして目的がわかれば、**目的に向けて自分が「どうしたらいいか？」という解決策を考えやすくなります**〔**右図**〕。

　この悩みの場合、「何をしたいがために、会社に行きたくないのか」と目的を自分に問いかけます。そうすれば「疲れたので身体を休めるため」「同僚がこわいのでそれを避けるため」などの目的が浮かぶでしょう。そうしたら、まず心身を休めるとか、自分に合った仕事を探すとか、解決を探しやすくなるのです。

094

目的論で問題の解決を目指す

▶ 原因論と目的論の違い

原因論で考えると… 悩みに対して「原因探し」をしてしまうと、問題の解決につながりにくい。

会社に行きたくない…

行動の原因は何か？
わたしは「なぜ」会社に行きたくないのか？

その原因は
- 会社の環境が悪いせい
- 人間関係に疲れたせい

などが考えられる。

原因から考えると、自分自身では解決しがたい問題にぶつかってしまったり、解決につながりにくいことがある。

目的論で考えると… 悩みには必ず目的がある。目的論で考えると、問題の解決につながりやすい。

会社に行きたくない…

行動の目的は何か？
わたしは「何のために」会社に行きたくないのか？

その目的は
- 疲れた身体を休めるため
- 人がこわくて避けるため

などが考えられる。

目的から考えると、自分がどうしたいのかということが明確になり、問題の解決を検討しやすい。

悩み 26 勇気が湧かなくて転職活動ができない…

解決のヒント 困難に対処するためにも、勇気を高めるための方法を試してみよう

　給料アップやスキルアップのために転職したいけれど、日々の仕事が忙しすぎて転職活動がままならない…。転職して人生がどう変わっていくのか不安にもなりますね。このようなとき、どうしたらよいでしょうか？

　アドラー心理学では、困難に対処するには、勇気を高めることが大切だと考えています。勇気を高めるためには、以下の５つの方法が有効になりえます〔**右図**〕。

① 自分の価値を認める

② 失敗することを恐れない勇気をもつ

③ 不完全でいられる勇気をもつ

④ 行動する喜びを味わう

⑤ 子どもっぽい考え方をやめる

　特に④の**「行動する喜びを味わう」**は、大切な要素です。仕事をしながらの転職活動はつらいかもしれませんが、活動の中で、自分の足りないスキルを見つけたり、挑戦したい仕事への気づきを得られるかもしれません。**「自分の成長」**を楽しめればモチベーションは維持できます。逆に、成功や失敗に一喜一憂していては勇気を失ってしまうでしょう。

自分の勇気は高められる

▶勇気を高める方法

勇気を高めるには、次の方法が考えられる。

自分の価値を認める

自分に価値があると思うことで、勇気を回復することができる。そのためには、自分が共同体に貢献しているという認識が必要。自分が誰かのためになっていることを再確認してみよう。

失敗することへの勇気をもつ

常に成功することを目指していては、失敗におびえてしまい、人生を楽しめなくなってしまう。失敗したときにこそ多くを学び、成長できるのだと考えよう。

不完全でいられる勇気をもつ

「自分は不完全である」ことを受け入れること。改善の余地はあるにしても、「他人より優れていなくてはならない」「今の自分よりよくなる必要がある」などと思い込まないよう注意しよう。

行動する喜びを味わう

自分への動機づけ・モチベーションを維持するためには、自分がやっていることに楽しみを見出すこと。自分の仕事によって得られるものを考えてみよう。

子どもっぽい考え方をやめる

子どもの頃に抱いた考え方は、大人になっても持ち越しがち。勝ち負けにこだわったり、自分を低く評価しすぎる…など、自分が子どもっぽい考えをしていないか見直してみよう。

出典：②〜⑤は『アドラー心理学教科書』（ヒューマン・ギルド出版部）を参考にした。

人生に活きる アドラーの言葉 6

ミルクの中に落ちた
カエルはあきらめず、
何度も足をばたつかせました。
何が起きたと思いますか？
ミルクがバターに
変わっていたのです。

出典：G.J.マナスター
『アドラーの思い出』（創元社）
より一部改変

悲観して立ち止まるよりも、もがいてでも行動することが大切

　アドラーの弟子の心理学者アルフレッド・ファラウは、アドラーが**「2匹のカエル」というイソップ物語の寓話（ぐうわ）**をよく話してくれたといいます。寓話では、2匹のカエルがミルクがいっぱい入った壺の中に落ちてしまいます。1匹は「もうおしまいだ…」と泣き、おぼれる覚悟をします。もう1匹はあきらめずに、ミルクの中で何度も何度も足をばたつかせます。すると、もがくことでかき混ぜられたミルクがバターのかたまりに変わり、それを足場にして外へ飛び出すことができた…という話です。

　脱出困難なミルクの中に落ちるという事態を前に、1匹のカエルはすべてをあきらめて悲観してしまいましたが、もう1匹のカエルは勇気をもって、「とにかくできることをしよう」ともがいたのです。**悲観して立ち止まるのではなく、行動することが望ましい**と考えるアドラー心理学にぴったりの寓話です（➡P66）。

　ファラウはこの話を気に入りました。希望を失って無気力になっていた人たちにこの話を伝えることで、勇気づけることができたといいます。

　アドラーに出会った人たちは、彼の陽気さ、温かさ、楽観主義、困難にあってもベストを尽くすよう教え導く能力に引きつけられたといいます。**アドラーのモットーは「あらゆる人があらゆることを成し遂げることができる」というものでした**。もしあなたが困難に遭ったときは、アドラーのモットーや、カエルの話を思い出して、チャンスに向かって勇気を奮い立たせてみましょう。

099　　人の悩みとアドラー心理学〈自分の心と仕事編〉　**2章**

アドラーの素顔 2

アドラーとアインシュタインの交流

　アドラーが生きた時代に、一人の天才科学者がいました。相対性理論を発表し、20世紀最大の物理学者と呼ばれるアルバート・アインシュタインです。実は、アドラーとアインシュタインには関わりがありました。

　1936年、友人の家に招かれたアドラーは、友人に対して満面の笑みで「（アドラー心理学に対する）新しい信奉者が生まれました。誰だと思いますか？」と問いかけました。友人が首をかしげると、アドラーは笑みを絶やさず「アルバート・アインシュタインですよ」と続けたそうです。アドラーの喜びが伝わってくるエピソードですね。アインシュタインはアドラーの講演を聴いて、「アドラーの個人心理学は、今日最も科学的でかつ最も真理に近いもの」という内容の手紙を送ったのです。

　ただ、その後の手紙のやり取りで、アドラーはアインシュタインに失望したともされています。アインシュタインが、「アドラーの個人心理学とフロイトの精神分析は同等の価値があるもの」と返事をしたためです。かつてフロイトとアドラーは同じ勉強会で研究を行っていましたが、学説の違いから決別した関係です。決別以降、アドラーはフロイトを論破しようとしていたので、アインシュタインであっても、フロイトと同列に語られるのが嫌だったのでしょう。

3章

人の悩みと アドラー心理学

〈交友関係と親子編〉

「共同体感覚」を重視するアドラー心理学は、
人と人との交流や、
親子での交流において力を発揮します。
どのように活かせばよいのかをこの章で見ていきましょう。

悩み 01 苦手な相手とどう接したらいい…?

解決のヒント 苦手な相手と即断せずに、相手のいいところも探してみよう

　社会で人と関わって暮らしていると、苦手な相手というのはどうしても出てきますよね。あまり話したことがない人でも、**これまでに出会った人に似ていることで、印象がつくられることがあります**。例えば、初対面の人が「叱られた上司」に似ているなら、苦手意識を感じてしまう…という感じです。

　わたしたちは、自分の主観に基づいて人やものごとを見ています。**自分の枠組みに当てはめて考え、自分の思うような意味に色づけしている**のです〔図1〕。アドラー心理学の「認知論」はこのような考え方なのです（→P162）。

　まず、**自分のものの見方が絶対的なものでなく、主観的にものごとを見ているのだということを知りましょう**。例えば、上司への苦手意識が自分の思い込みから来ている場合もあります。ほめられたり、食事をごちそうされたりと、上司の違った面を知れば、苦手意識が解消するかもしれません。ちなみに、人間は過去の経験にしたがって、人の好き嫌いを決めつけてしまい、どうしても苦手意識をもつ人があらわれてしまうという研究もあります〔図2〕。どう考えてもダメだなと思うような場合には、無理に仲よくならなくてもよいと割り切るのもひとつの手です。

苦手なのは相手ではなく自分の苦手意識

▶自分の主観でものごとを見る〔図1〕

人はものごとを見るとき、そのことを良くも悪くもとらえて意味づけしてしまう。

アドラーの言葉

われわれは自分の経験によって決定されるのではなく、経験に与える意味によって、自らを決定するのである。

出典：アドラー『人生の意味の心理学』（アルテ）より一部改変

誰かを苦手と感じることは、自分の枠組みに当てはめて考えているため。

▶出会った人の1割は苦手?〔図2〕

人間は過去の経験にしたがい、人の好き嫌いを決めつけているという。その傾向を「相性の法則」という。

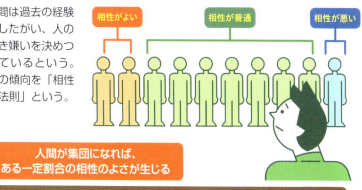

人間が集団になれば、ある一定割合の相性のよさが生じる

相性のよい人：普通の人：相性の悪い人＝2：7：1

※相性のよい人：普通の人：相性の悪い人の割合は「2：6：2」ともいわれます。

出典：八巻秀監修『アドラー心理学 ―人生を変える思考スイッチの切り替え方』（ナツメ社）

悩み 02 自分の意見が うまく伝えられない…

解決の ヒント
困ったことがあったら、
「アイ・メッセージ」を使ってみよう

　仕事であれ私生活であれ、自分の意見を言いたくなるときがあります。例えば、相手がいつも約束の時間に遅れてくるのが嫌だけど、相手の気分を害したくないので、ガマンして言えないでいる…ようなことがあるかもしれません。

　自分の意見を伝えるためには、「アイ・メッセージ」を使ってみてはどうでしょうか〔**図1**〕。アイ・メッセージとは、自分の思っていることを「わたしは…」を主語として語る話法です。先ほど、例として出てきた「いつも遅刻してくる相手」に対しては、「わたしは待っている間に、やきもき心配していました」などと自分のことを伝えるとよいでしょう。

　一方、「**ユー・メッセージ**」は「あなたは」を主語にする話法です。先ほどの例だと、「あなたはいつも遅れてきますよね」などという言葉になり、**相手を責めるニュアンスが強くなります。**

　ユー・メッセージは相手に向けた言葉です。「あなたは」を主語にすると、言われた相手を非難しがちになります。対して、アイ・メッセージは自分の気持ちを述べるだけなので、相手に対する非難になりにくいのです。**アイ・メッセージにはつくり方の公式がある**ので、参考にしてみてください〔**図2**〕。

104

「わたし」を使って自分の気持ちを伝える

▶自分を伝える「アイ・メッセージ」〔図1〕

相手の行動に困ったとき、主語に「あなたは」を使って非難するのではなく、主語に「わたしは」を使って、あくまで自分の困った状態を述べるだけに留めるようにする。

○ アイ・メッセージの例

- 忘れ物されると「わたしは」困るよ。
- 悪口を言われて、「わたしは」悲しい。
- スマホばかり見てると、「わたしは」さびしい。

× ユー・メッセージの例

- 「あなたは」どうして忘れ物するの？
- 「あなたは」悪口を言うのやめなよ。
- 「あなたは」、スマホばかり見てないでよ。

▶アイ・メッセージのつくり方〔図2〕

アイ・メッセージのつくり方には公式がある。

公式　　　　例 相手がデートによく遅刻してくる場合。

「～のとき、」
相手がしている行動を取り上げて、その状況を述べる。

「遅刻してくるとき、」

「～と感じる。」
それについて自分がどう感じたか、気持ちや感情を伝える。

「わたしは不安を感じる」

「なぜなら～だから。」
自分がそう感じた理由を説明する。

「なぜなら、何かあったのかと心配するから」

人生に活きる アドラーの言葉 7

特別な天分や才能をもって
生まれてくる
という考えは
誤りである。

出典：エドワード・ホフマン『アドラーの生涯』（金子書房）より一部改変

人生の課題を解決するのに
特別な才能は必要ではない

アドラーが、ギムナジウム（中高一貫教育校）時代に経験したことから生まれた言葉です。

ギムナジウムに入学した当初の9歳、アドラーは数学が苦手で一度落第・留年をしています。父親の脅しもあって、アドラーは一生懸命勉強して成績は上がりました（➡P144）。ある数学の授業で、アドラーは教師さえも解けない計算問題を解いたそうです。この成功から、アドラーの数学への心がまえは変わりました。以前は興味をもてなかった数学が楽しくなり、能力を伸ばすあらゆる機会に積極的に取り組むことで、学校でもっとも数学ができる生徒になったそうです。この経験からアドラーは、**特別な才能はもって生まれるものではない**と考えるようになります。

アドラーは子どもへの勇気づけについて、**「あらゆる人があらゆることを成し遂げることができる」**という言葉で、楽観主義を吹き込むことをすすめています。子どもの頃に「できない」という思い込みを植えつけてしまうのでなく、「解決できない課題はない」と楽観的にかまえたほうが、**大人になって人生の課題に立ち向かう勇気がもてるようになる**のです。

アドラーは、のちに数学が苦手だった次女アレクサンドラにも「やってみたら、おまえは全部できるのに」と似たような言葉で勇気づけています（➡P82）。子どもへの勇気づけを重視するアドラーの考え方の根幹には、ギムナジウム時代に自身で苦手を克服した＝人生の課題をクリアしたことが影響していると考えられます。

107　人の悩みとアドラー心理学〈交友関係と親子編〉**3章**

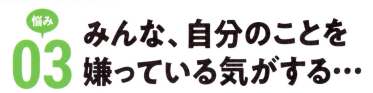

悩み 03 みんな、自分のことを嫌っている気がする…

解決のヒント　「ベーシック・ミステイク」が原因。落ち着いて、**状況を客観的に見る**ことが大切

「自分はみんなに嫌われているんじゃないか…」「自分なんかいないほうがいいんじゃないか…」「失敗したらクビにされてしまう…」。そんな後ろ向きな考えに陥ってしまう日もあるでしょう。これは多くの場合、**「ベーシック・ミステイク（基本的誤り）」をもっている**人にみられる心の動きです〔右図〕。

　ベーシック・ミステイクとは、自分に入ってくる情報の処理のしかたを間違えている状態のことを言います。人は誰でも、自分の見方・考え方を通して現実を見ています。例えば、会話中に相手が自分に笑いかけている場合、たいていの人は相手は好意的だと思うでしょう。しかし、「ベーシック・ミステイク」をもつ人は、相手が自分に笑いかけているのを見て、「何か失敗している自分を嘲笑しているんだ…」などと感じ取ってしまうのです。

　ネガティブな思いは、「ベーシック・ミステイク」が引き起こしているのかもしれません。たいていの場合、ほかの人から見れば考えすぎでしかないこともあります。ネガティブな思いにとらわれたときには、「本当にそうなのか」「証拠はあるのか」など、もう一度自分を客観的に見てみましょう。自分の心の「ベーシック・ミステイク」に気づくことが大切です。

ネガティブな考えすぎに注意!

▶「ベーシック・ミステイク」とは?

自分に入ってくる情報の処理のしかたを間違えている状態のこと。いくつかの典型パターンがある。

過度の一般化

「今日、あいさつしたのに無視された。嫌われているのかな…」など、たった1度のネガティブな出来事を極端に一般化して思い込むこと。

誇張

1人から反対意見を出されたときに、「みんなから否定された…」と思い込むなど、ものごとを大げさにとらえること。

決めつけ

失敗したときに、「自分はダメな人間だ…」などと、間違ったレッテルを貼って、決めつけてしまうこと。

誤った価値観

「遅刻したらクビになる」「欲しいものは奪ってよい」など、間違った思い込みでものごとをとらえること。

よく「話を聞いていない」と言われてしまう…

解決のヒント　「リフレクティブ・リスニング」を使って、相手の話を聞いていることを伝えよう

　パートナーや友だちと話しているとき、相手の話を聞いているつもりなのに、「ちゃんと話、聞いてる？」などと言われることがありませんか。こういった場合は、自分の聞き方・態度に問題があるのかもしれません。

　例えば、自分が何か作業をしている最中に話しかけられたとき、つい作業の片手間にあいまいな返事をしていると、相手は「忙しいんだ」と感じて話をやめてしまいますよね。**人は同時に２つのことに集中はできないもの**です。もし、忙しくて話ができないときは、「しっかり話を聞きたいのであとでいい？　今ちょっと手が離せないんだ」と伝えるとよいでしょう。**相手を大切に思っていることと、あとで機会をつくるということを伝える**のが大切です。

　このように相手と話をするときは、ほかのことをしながらではなく、相手を見ながら会話をしましょう。そして**「リフレクティブ・リスニング」**という技法を使うと効果的です〔**右図**〕。

　これは、**相手が感じたり言ったりしていることを、鏡に映し出すようにあなた自身の言葉でくり返す方法**です。話をよく聞いているということを相手に伝える効果があります。その際、相手の気持ちを伝え返すことがコツです。

相手の気持ちを伝え返すのがコツ

▶「リフレクティブ・リスニング」とは?

相手が感じたり言ったりしていることを、鏡に映し出すようにあなた自身の言葉で伝え返すこと。

基本構文

「あなたは〜と感じている」+「なぜなら〜」

リフレクティブ・リスニングには構文があり、「相手の気持ち」と「そう感じる理由になっている出来事」に言及するようにする。

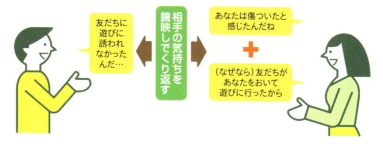

人の悩みとアドラー心理学〈交友関係と親子編〉 3章

悩み05 パートナーがほしいけど、自分にできるわけがない…

解決のヒント
勇気をくじく言葉をやめて、愛の課題に**挑戦する勇気**をもとう

パートナーがほしいとは思うのに、「自分を好きになる人なんていない」などと考えてしまい、行動が起こせない…。どうしてこのような心理になってしまうのでしょうか？

アドラーによると、**人は自分で自分のストーリーをつくって生きるもの**とされます。そして、人それぞれがもつ固有で独自のストーリーは、ライフスタイルと呼ばれます（→P20）。自分のこれまでの人生経験から「自分を好きになる人はいない」「だから自分は結婚できない」などと思い込み、**自分自身でイメージを固めてしまうことが一因**かもしれません。

例えば、「パートナーが欲しいけど自分にはとうてい無理だ…」と思い込んでいる場合、「臆病」や「あきらめ」たりすることで、自分の人生の課題から逃げて、行動しないようにしているのかもしれません〔図1〕。

「自分を好きになる人なんていない」という言葉は、劣等感の言葉です〔図2〕。**自分への勇気くじきをしていても、ものごとはよくなりません**。「人間は自分の運命の主人である」とアドラーは言いました。自分への勇気くじきをやめて、相手にされるようになるための努力をはじめましょう。

112

愛の課題に挑戦する勇気をもつ

▶ 臆病やあきらめにとらわれる〔図1〕

臆病やあきらめは、ライフタスクから逃れる目的に使われることがある。

自分のライフスタイルにとらわれ、愛の課題から逃げてしまっている状態。

▶ 自分への勇気くじきをやめよう〔図2〕

勇気をくじく言葉を自分にかけ続けていても、事態は何も変わらない。

自分に対して、「自分はダメだ」などの勇気をくじく言葉をかけるのはやめよう。

悩み 06 付き合っている人と すぐに言い合いになる…

解決のヒント 自分の課題と相手の課題を分けて考え、共同の課題に取り組むようにしよう

　お互いに気が合うと思って付き合ったのに、近ごろ言い争いが絶えない…。原因はさまざま考えられますが、**相手の行動に干渉しすぎていることが一因**である場合があります。

　例えば友人関係について、「〇〇さんとは会わないでほしい」などと、相手の行動に口を出してしまってはいませんか？　アドラー心理学には、**「課題の分離」**という考え方があります。課題は「自分の課題」「相手の課題」「共同の課題」に分けられます。**相手の行動や課題に干渉されると、相手は嫌がるものです**。自分と相手の課題をはっきりと区別して、相手の課題に口出しするのをやめれば、言い合いは少なくなるでしょう〔図1〕。

　一方、「結婚を考えている相手が趣味への浪費癖がある…」など、自分にも迷惑がかかる行動があったとします。この場合、将来の自分の家計にも関わる話になるので、「自分と相手の共同の課題」となります。**「共同の課題」はふたりに管理の責任があると考え、それをどうするかはふたりで決めます**〔図2〕。

　この場合は、ふたりが納得するまで家計の管理ルールを決める必要がありますね。課題の分離を用いて、自分の課題と相手の課題を分けて考えましょう。

他人の課題への踏み込みに注意

▶ 課題を分離してトラブルを回避 〔図1〕

相手の課題に口出ししすぎると、相手に嫌がられてトラブルの原因となる。

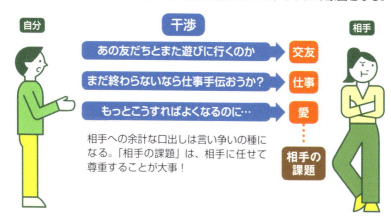

干渉

- あの友だちとまた遊びに行くのか → 交友
- まだ終わらないなら仕事手伝おうか？ → 仕事
- もっとこうすればよくなるのに… → 愛

相手への余計な口出しは言い争いの種になる。「相手の課題」は、相手に任せて尊重することが大事！

▶「共同の課題」ではルールをつくる 〔図2〕

共同生活を送るなら、家庭で共有する部分は「共同の課題」として、どうするかをふたりで決める必要がある。

共同の課題：家計のルールづくり

- お金の管理は共通の口座で管理しよう！
- 趣味のお金に限度を決めよう！
- 高額な買い物は一度相談しよう！

なぜか相手が ふてくされてしまう…

勇気を減らす言葉を言うより、**感謝の言葉**で協力関係をつくろう

　一緒に暮らすなかで、「そんなこと言われるとやる気がなくなる…」などと言われてしまうケース。この場合、相手の勇気を減らす言葉を使っているのかもしれません。

　アドラー心理学では、「またやってないね」「また『仕事が忙しい』が言い訳？」といった、**相手の勇気を減らす言葉を推奨しません**。言われた相手は落ち込み、やる気がなくなってしまいます〔図1〕。特に、「どうしてそういうことするの？」などと、原因を突き止めようとするもの言いが、勇気を減らす言葉になります。

　相手に勇気を減らす言葉をかけて険悪になるよりも、**パートナーには意識して勇気づけの言葉をかけましょう**。相手を勇気づけることでお互いの関係はよくなります。ただ、どんな言葉が勇気づけになるか、とっさには出てこないかもしれません。そういうときは、感謝の言葉を伝えることから始めましょう。例えば、相手が家事をやっていたら、**意識的に「ありがとう」「助かるよ」などの感謝の言葉をかける**のです。かんたんな言葉ですが、相手にとっては勇気づけされてやる気が出るものなのです。もし感謝の言葉に慣れてきたら、相手と協力関係を築けるような勇気づけの言葉を相手にかけてみましょう〔図2〕。

感謝の言葉で相手の勇気を増やす

▶ 勇気を減らす言葉はやる気をそぐ〔図1〕

相手のやる気を奪い、相手の勇気を減らす言葉を使うのはやめよう。

ダメ出ししても、相手の行動はコントロールできない。

▶ 勇気づけの言葉で協力関係を維持〔図2〕

相手のやる気を後押しし、相手の勇気を増やす言葉を使っていこう。

相手のやる気が出るような協力関係の維持が大事。

その時、アドラーは… ④

Q おもちゃを盛大に散らかした子ども。どうする?

アドラーが銀行家夫人の家に招待されたときの話。夫人の5歳の男の子に留守番をまかせて、アドラーと銀行家の夫人は街に出かけました。彼らが戻ってくると、床にはおもちゃが散らばっていました。このときアドラーは、子どもにどんな声をかけたでしょうか?

A「一緒に片づけようか」と子どもに寄り添った

B「おもちゃを上手に広げたね」と子どもを励ました

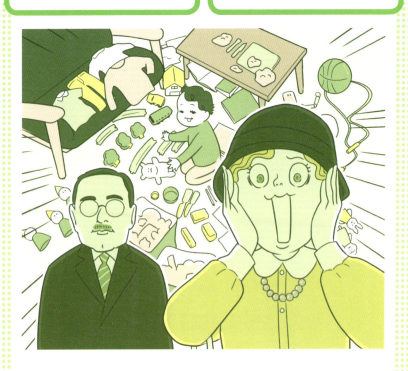

子どものことを信じて、子どもの仕事を取り上げない!

　この出来事は、精神科医・作家で、フランスで個人心理学会の会長を務めたエルベール・シャフェが目撃した出来事です。

　居間の床には男の子がありったけのおもちゃを広げ、足の踏み場もありません。銀行家の夫人は動揺し、5歳の息子にイライラをぶつけそうになりましたが、アドラーは男の子に近づいて、優しく次のように言ったそうです。

　「上手におもちゃを広げたね。同じように上手におもちゃを集められるかな？」すると、男の子は1分も経たずにきれいに片づけたそうです。なので答えは、「おもちゃを上手に広げたね」です。

　アドラーは、分け隔てなくいろんな人たちの相談に乗ってきましたが、特に子どもの相手が上手だったといいます。アドラーは教師たちに**「子どもの目で見るようになさい。子どもの耳で聞き、子どもの心で考えるようになさい」**と助言していたといいます。実際に、アドラーは子どもをていねいに扱い、**子ども自身が「自分は重要である」と感じられるように扱った**そうです。子どもたちも、アドラーの言うことはよく理解できたようです。

　アドラーは、この5歳の男の子を信じていました。おもちゃを散らかすことができたのだから、同時に片づけることもできるのだと。ここで子どもが散らかしたおもちゃを**大人が片づけてしまっては、子どもの仕事を取り上げることになり**、次から片づけなくなるかもしれません。子どもの散らかしも責めずにほめ、さらに片づけることも肯定的に期待したのです。

悩み08 家族やパートナーと意見がまとまらない…

解決のヒント
共同の課題はきちんと話し合おう。話し合いには「**家族会議**」がおすすめ

　休日の過ごし方から家具の色まで、家族のなかでも決めることがたくさんあります。そのとき、「なんでもいいや」といって相手にまかせきりにしたり、「家具は絶対に白！」などと自分勝手に話を進めたりするのもよくありません。

　共同の課題は、きちんと話し合って決めるべきです。**アドラー心理学では、話し合いの場として「家族会議」を提案しています**。互いが意見を述べ、それを互いに尊重しながら、ていねいに合意に達していく話し合いの場をつくるのです。

　アドラー心理学で提唱する家族会議には、おおよその型があります〔右図〕。日常会話よりはあらたまった場にしますが、堅苦しい会議のようにしてはいけません。**自由に議題を出して話し合う**のですが、互いの主張に折り合いがつかなければ、**その場で無理に結論は出さなくて大丈夫**です。互いに意見を出し合い、互いを尊重し、合意点を探っていくようにするのです。

　このとき、言い争いは避けたいと考えて、自分の意見を抑え込まないようにしましょう。**自分の気持ちを伝えないことには、話は前に進みません**。相手に対する批判になりにくい「アイ・メッセージ」（→P80）で、自分の意見を伝えるのがポイントです。

無理に結論は出さなくてもよい

▶家族会議のやり方の例

お互いを尊重して、対等な意見交換をするのがポイント。

1 参加者は家族全員。会議を進行する議長は、司会ができる人の持ち回りで行う。会議の内容をメモする書記も決める。

2 事前に家族会議の開催を告知する。参加者は「何かしながら」ではなく、話し合いに集中する。

3 議題は誰でも自由に提出してOK。議題は一つひとつ全員で話し合っていく。みんなに関わる議題でも、個人的な相談でも議題にしてよい。

4 全員が合意した決定は掲示して、責任をもって守る。議題は必ずしも合意しなくてもよく、継続審議として合意点を探っていくようにする。

理想の結婚相手が見つからない…

現実と理想が一致することはほぼない。
理想を絞りすぎずに**行動**を起こそう

　世界のどこかに運命の相手がいるかもしれない…。そう考えたことのある人も多いのではないでしょうか？　同じぐらい、理想の結婚相手がいつまでたっても見つからないと思っている人もいるかもしれません。アドラーは恋愛と結婚について、**「適切な相手を選ぶことを難しいと考えないこと」**、そして**「理想の相手が見つかることに期待してはいけない」**という言葉を残しています。

　人間は、完璧や理想を目指すものです。理想を目指す限りチャレンジは続けられますが、人生には限りもあります。**限りある人生において、思い描いた理想と現実が一致することは、なかなか起きえないこと**です〔**図1**〕。

　さらにアドラーは**「理想の相手を探しているが見つけられない」人**は、**「そもそも前に進みたくない人」**である可能性も指摘しています。「理想の相手を探し続ける」ことを言い訳に、「結婚」という愛の課題から逃げているのではないかと言っているのです〔**図2**〕。

　実際に交際相手を見つけるのは難しいことですが、**高望みを言い訳にせずに、挑戦してみることが大切**です。結婚においては高い理想をもってしまいがちですが、理想にそぐわないからと行動を起こさないでいると、現状は何も変わりません。

理想をもちつつ、現実的に挑戦しよう

▶ 理想と現実は、あまり一致しない〔図1〕

限りある人生の中で、理想と現実が一致することはあまりない。

人間は理想や完璧を目指すのが自然な欲求である。

しかし、理想と現実が一致することはほとんどない。

▶ 理想のパートナー探しが言い訳になることも〔図2〕

理想のパートナーがいないからと、結婚を避けていることがある。

アドラーの言葉

愛と結婚をあらゆることが欲求通りに起こる天国であると考えるのは、誤っている。

出典：アドラー『個人心理学講義 生きることの科学』（アルテ）

その時、
アドラーは…
⑤

Q アドラーは患者に何と問いかけた？

アドラーは医師として、さまざまな悩みを抱える患者を熱心に診察してきました。そして日々の診察の中で、「もしも…ならば」を強調して話す患者に気づきました。このような患者に対して、アドラーはどんな言葉をかけるようにしていたでしょうか？

A もし病気が治ったらあなたは何をしますか？

B あなたの病気の原因はなんだと思いますか？

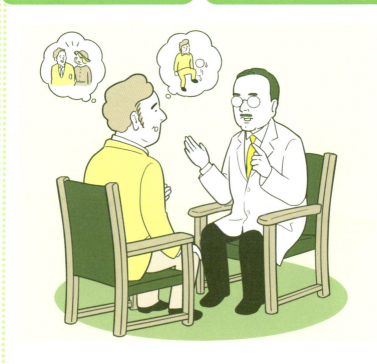

患者の「もしも…ならば」という答えは、その人の人生の課題を示している

　この話は、アドラーがカウンセラーとして、診察のやり方を説明するなかで出てきたものです。

　アドラーは、面談で患者の悩みを聞き出し、その中で発見したことを確かめるために、患者に次のように問いかけていたそうです。「もしもわたしがあなたをすぐに治したら何をしますか？」。すると、たいていの患者は「わたしは結婚するだろう、もしも…ならば」「わたしは仕事するだろう、もしも…ならば」と答えるそうです。

　アドラーは**患者は常に人生の課題から逃れることを正当化するもっともらしい理由を集めていて、患者がどんな課題を回避しようとしているのかがわかる**と考えていました。

　例えば、「結婚できない」という悩みをもつ患者がいたとします。アドラー流にカウンセラーが「あなたはどうなったら結婚できるのですか？」と患者に問うと、「わたしは結婚するだろう、もしもお金があったならば」という答えが出てきたりします。つまり、患者には「結婚」に際して、「お金がない」という課題があることがわかるのです。

　ということで、答えはAの「もし病気が治ったらあなたは何をしますか？」です。実はこの質問に対する患者の返答は**「もしその人に勇気があるならば、本当は生きてみたい人生である」**とアドラーは言っています。そこから「これからどうしたいのか」をカウンセラーと患者とが一緒に探していくのが、アドラー流のカウンセリングなのです。

悩み **10**

悪目立ちしようとする人。どう対応すればいい…?

解決の
ヒント

**不適切な行動にはおもに4つの目的がある。
行動ごとにどう対応するか検討しよう**

　他人の気を引こうとして急に大声を出したり、読んでいる本を叩き落としたり…。おもに子どもに見られる問題行動ですが、どうしてこのような行動をするのでしょうか?

　アドラー心理学では、行動には目的があると考えます。不適切な行動に対しても、目的論から考えます〔**図1**〕。**不適切な行動の多くは「注目」「力(権力闘争)」「復讐」「無力提示」の4つに当てはまる**と考えられます(➡ P128**図2**)。

　注目を集める行動は、2種類に分けることができます。1つ目は**「能動的な注目行動」**です。集団の中で騒ぎ注意されることで、注目を集める行為のことをいいます。2つ目は**「受動的な注目行動」**です。例えば、くり返し忘れ物をするなどして、相手の注目を集めるような行為を指します。

　こうした不適切な行動に対しては、反応しないことが基本です。また、注目行動が不要だと理解してもらうため、日常の適切な行動に対して「よくやってるね」などとポジティブな声掛けをすることも効果的です。

　「力(権力闘争)」は、相手と主導権争いをしかけて、自分の強さを証明しようとする行動です。親に知識勝負を挑んだり、親の指示

126

▶ 問題行動も目的論で考える〔図1〕

問題行動には原因があると考えたくなるが、アドラー心理学では、問題行動に対しても「目的」があると考えて対処する。

注目を集めるのが目的！

不適切な行動のひとつに、注目を集めることを目的とした行動がある。

を絶対に聞かないという反抗も当てはまります。この行動は相手に勝つことが目的なので、勝負をしないこと、距離をとること、話し合いをすることが対策になります。

「復讐」は、傷つけられた相手が仕返しを試みる行動です。特に力で親との主導権争いをしかけ、それに負けた場合、「勝てないなら、せめて傷つけてやる」という目的で暴言を吐いたり、腹いせにものを壊したりするなど、言葉や行動で相手にダメージを与えようとするものです。

「無力提示」は、これらの問題行動の最終段階です。親の問いかけに対して黙り込む、宿題をしない、学校を休むなど対人関係をシャットアウトし、「もう放っておいてくれ」と自分が無力であることを宣言するのです。

「復讐」と「無力提示」への対策は、相手を勇気づけつつ静観することです。

不適切な行動には目的がある

▶問題行動の4種の目的〔図2〕

問題行動の目的には「注目」「力（権力闘争）」「復讐」「無力提示」という４つの種類がある。

注目
会話中に突然話を変えたり、頻繁に忘れ物をして他人から面倒を見てもらうなどして、注目を集める行動。

子どもの目的
注目してもらいたい。

対応策
- 不適切な行動に注目を与えない。
- 適切な行動に注目する。

力（権力闘争）
注目を集めることに失敗すると、親に反抗して勝負をしかけ、自分が強いことを証明しようとする。

子どもの目的
戦って勝とうとする。

対応策
- 争わない。戦わない。
- できるだけ穏やかに過ごす。
- エネルギーの使い道を考える。

お前なんかに負けない

復讐

相手に負けて勝てなくても、復讐ならできると考える。

子どもの目的

復讐したい。

対応策

- 罰の応酬、報復をしない。
- けっして見捨てない姿勢を示す。
- 子どもが信頼する人に協力を求める。

無力提示

自分はダメだと開き直る。

子どもの目的

自分の無力を提示したい。

対応策

- 批判しない、あわれまない。
- 共感する。
- 小さな動きや努力を勇気づける。
- 専門家の支援を考える。

その時、アドラーは… ⑥

Q 先生の背中に消しゴムを投げる少年。どう解決した？

授業中、先生の背中に消しゴムを投げる少年がいました。少年は、何度注意されてもそれをやめず、困った母親がアドラーのもとをたずねたのです。アドラーは少年の心を読み取り、あることをして解決に導いたのですが、どんなことをしたのでしょうか？

A 少年の背中に消しゴムを投げた

B つま先立ちになった

少年の心にあった劣等感を見抜き、不適切な対処法を本人に自覚させた！

　これは、アドラーが行った公開カウンセリングのエピソードのひとつです。アドラーは少年に年齢を聞き、10歳にしては背が小さいことに気づきます。そして、にらみつけてくる少年に対してこう続けました。

　「わたしを見てください。わたしは40歳にしては小さいでしょう。**小さいわたしたちは、自分が大きいことを証明しなくちゃいけない**んです。教師たちに消しゴムを投げつけてね。そうでしょう？」

　そう話しながらアドラーはゆっくりとつま先立ちになり、元に戻してからまた少年に語りかけました。

　「何をしているか、きみにはわかりますよね。わたしは実際より自分を大きく見せているんです」。

　アドラーは、**少年が背が低いことに劣等感をもち、それを克服するために自分を大きく見せたいと考えていることを見抜いた**のです。そのため、偉い人＝教師に逆らうことで、自分が大きい存在だと周囲にも自分にも証明できると思い込んでいたのです。

　この公開カウンセリングの後、一度だけ少年は教師に消しゴムを投げたそうです。しかし、教師はアドラーに指示された通りに、少年の前でゆっくりつま先立ちになってみせました。**それ以降、その少年の問題行動は起こらなかった**といいます。ですので、答えはBの「つま先立ちになる」です。アドラー自身がつま先立ちになることで、「自分は背が低い」という劣等感を感じている少年が、不適切な克服法をしていることを本人に知らしめたのです。

悩み11 ついつい子どもを甘やかしてしまう…

解決のヒント　甘やかすのは**子どものためにならない**。**「選択型」の子育て**をしよう

　アドラーは、「甘やかされた子ども」をたびたび問題にしました。なぜ子どもを甘やかして育ててはいけないのでしょうか？

　アドラー心理学では、**子どもを甘やかして育てることは、親が子どもに服従する「服従型」の子育てスタイル**になっていると考えています〔図1〕。例えば、子どもが部屋の中でボール遊びという問題行動をしている場合を考えます。子どもを甘やかす服従型の親は、注意せずに見て見ぬふりをし、子どもを放置します。親が「子どもはどうしようもないもの」と、しつけをあきらめている状態です。

　服従型の育児をすると、子どもは自己中心的に生きることになるので、大人をなめるようになり、他人に気づかうことをしなくなります。そして、自分に都合のいいことや、楽しいと思うことしかしないようになります。これでは一人前の大人には育ちません。

　アドラー心理学では、**子どもの主体性を伸ばすために「選択型」の子育てスタイル**をすすめています。ルールを示してしつけつつ、選択肢を与えるやり方です。先の例なら、「ボール遊びは外でする約束だよね。部屋で遊ぶなら別の遊びをしよう。どっちにする？」と選択肢を示します。これなら、ルールを守ることや、自分で選択する責任を教え、大人へと成長する道を後押しできるのです〔図2〕。

甘やかすと一人前の大人に育たない

▶ 服従型の子育てスタイルとは?〔図1〕

子どもを甘やかして育てるなど、親が子どもに服従する子育てスタイル。教師と生徒、上司と部下などにも当てはめられる。

親「子どもはどうしようもないもの」と、子どもをしつけることをあきらめている。

子ども 自己中心的になり、大人をなめ、他人の気持ちを気づかえない大人に育ってしまうかもしれない。

▶ 問題行動を止めるには…〔図2〕

子どもが問題行動をした場合、アドラー心理学では「選択型」の育児スタイルをすすめている。

親 子どもに限界を伝え、自分で選択するよううながす。

「室内でボール遊びしてはダメ」
→ **禁止する**

「外でボール遊びか、室内で違う遊びをするか、どっちがいい?」
→ **選択させる**

室内でボール遊び ×

子ども 限界や自分で選ぶことを学ぶ。

悩み12 つい頭ごなしに子どもを叱ってしまう…

解決のヒント
叱って従わせるのは「命令型」の子育て。ていねいな「選択型」の子育てが効果的

　子どもに言うことを聞いてほしいとき、厳しく叱ったり罰したりすることはかんたんです。子どもがそれをおそれて、問題行動をすぐにやめることも多いでしょう。しかしアドラーは、このような問題解決に反対しました。

　アドラー心理学では、**親が子どもに命令する子育てスタイルを「命令型」**と呼びます〔**図1**〕。子どもを親の言いつけに従わせるために、叱ったり罰したりするなど力づくで子どもをコントロールしようとするような育児ですね。

　命令型の育児をすると、子どもは命令に「はい」か「いいえ」で答えるしかなく、自分で考える力が育ちません。この先の人生で、自分がどんな人生を生きるか考える力までそがれてしまいます。また、命令に服従する子どもは、自分を否定しているために自己肯定感が低く、服従していると見せかけて内心では反対しているなどの二面性をもつようになってしまいます。

　そのため、ここでも命令型ではなく、**「選択型」の子育てで主体性を育てていくことが重要**です（→P132）。「やってはいけない」限界を示す際も、頭ごなしに命令するのではなく、なぜダメなのかを説明し、子どもがきちんと納得できるよう伝えましょう〔**図2**〕。

選択型の子育てを心がけよう

▶「命令型」の子育てスタイルとは？〔図1〕

子どもを叱ったりするなど、親が子どもに命令する子育てスタイル。

家の中で走っちゃダメ！

親
命令型は子どもの問題行動をすぐに止めることができて楽だが、一方で子どもの考える力を奪ってしまう。

子ども
命令には「はい」か「いいえ」で答えるしかなく、自分で考える力が育たない。

▶ 禁止を上手に伝える方法〔図2〕

子どもに「やってはいけないこと」を伝える際には、事前告知、合理的説明、不公平なき一貫性が必要である。

事前告知と合理的説明を行う

なぜ室内で走ってはいけないのか、事前にきちんと納得できる説明を子どもに伝えておく。

不公平なき一貫性がある

他の兄弟姉妹に注意しなかったり、親自身が走ったりすると、それを見た子どもは禁止を軽く見てしまうようになる。

NG！ 命令をする

「家の中で走ってはダメ」と禁止するだけでは、子どもの成長にはつながらない。

悩み 13 子どもが全然勉強しない…

解決のヒント 子どもを**人間として大切にすること**が先決。**縦の関係で命令をしない**こと

何度言っても子どもが勉強をせず、ゲームばかりしている…。このようなとき、どのように声をかけたらよいでしょうか。

勉強できる環境を整えたり、勉強するように働きかけることは親の責任ですが、そのチャンスを生かすも殺すも子ども次第です。**勉強するかしないかは、子ども自身の課題**です。子ども自身が取り組むべきものであり、親が子どもに勉強することを強いることはできません（課題の分離➡P114）。

仮に、口うるさく言うことで一時的に勉強させることができたとしても、本人がやりたくないなら、すぐにやめてしまうでしょう。あるいは、勉強しろとくり返し言われることで、子どもは反発するようになるかもしれません。

とはいえ、アドラー心理学では子どもを放任しろといっているわけではありません。大切なのは、**対等なひとりの人間として「横の関係」を築くこと、子どもを大切にすること**です。縦の関係で上から命令するのではなく、横の関係から人間として親身にこちらの見解を伝えます〔**右図**〕。勉強をしなかった場合の結果を負うのは子ども自身であることや、勉強をしたい場合は親も援助することなどを、しっかり言葉で説明します。

学校の宿題は子どもの課題

▶子どもに勉強をうながすには

子どもに手出し口出しせず、子どもの自主性を育てることが大事。

子どもに宿題をやらせる

宿題は子どもの課題だが、宿題をさせるのは「親の課題」と思い込んでしまっている。

叱る（縦の関係）

叱って勉強させても、本人は無理やり勉強をやっているに過ぎない。くり返し叱ると、反発してさらにサボるかもしれない…。

アドラーの言葉

思慮深く子どもの自立心の息の根を止めないようにすべきである。

出典：アドラー『子どもの教育』（アルテ）

子どもをサポートする

宿題は子どもの課題。ただし放置はせず、子ども自身に課題を理解させて、課題遂行をサポートする。

対等な立場でサポート（横の関係）

なんでも話せるような対等な関係をつくり、勉強は自分が立ち向かう課題であることを子どもに説明。

子どもから助けを求めてきたら、相談に乗る！

自立した子どもに育てるのが目標

悩み **14**

子どものしつけ。どうするのが正解か…

解決の ヒント　子育てに正解はないが、「**自然の結末**」と「**論理的結末**」で接してみよう

　ただ叱るだけでも、甘やかすだけでもダメ。特に現代の子育てでは、子どものしつけには苦労するものですよね。アドラー心理学では、子どものしつけのための考え方として、結果から学べる**「自然の結末」**と**「論理的結末」**があります。

　子どもの体験の邪魔をせず、結果を見守るのが「自然の結末」です〔**図1**〕。例えば、子どもが自分の友だちとの約束を守らなかったとき、友だちは次の遊びの約束をしてくれなくなります。この体験をすることで、子どもは約束を守る大切さを実感するのですが、親が途中でそれを指摘したりすると、子どもの学ぶ機会を奪ってしまいます。このように、**親が介入せず、自分で体験させて学ぶことを推奨する**のが「自然の結末」です。

　「論理的結末」は、子どもが不適切な行動を起こした場合の結末をあらかじめ決めておくことです〔**図2**〕。例えば、「ゲームで遊ぶ時間が守れなかったら、翌日はゲーム禁止」といった**約束を子どもと交わしておく**のです。約束を破ってゲーム禁止という結末を迎えたなら、そこから子どもは自分の行動の結末を学ぶことになります。

　子育てに悩むのであれば、この2つの手法を試してみると、子どもの意識が変わるかもしれません。

138

不適切な行動には結末の手法を使う

▶「自然の結末」とは?

子どもの体験を邪魔せず、結果を見守る教育法。

[図1]

例 夕食後、子どもが宿題をやらない場合…。

親
子どもが自然に学ぶにまかせる。口出しをすると子どもから学ぶ機会を奪う。

子ども
自然な結末として、「翌日やらなかった分の宿題をやる羽目になる」「先生に叱られる」。

→ 宿題を忘れるデメリットを実感!

▶「論理的結末」とは? [図2]

子どもが不適切な行動を起こした場合の結末を、あらかじめ決めておく。

もう約束の時間よ

	ルール	ルールを守らないときの結末
部屋の片づけ	片づける範囲と期限を決めておく。	片づけていないなら、遊びに行けない。
宿題	いつまでに終わらせるか決めておく。	やらない場合、翌日は夕食前に宿題をする。
スマホ	スマホを見る時間を決めておく。	時間を過ぎたら、親がスマホを預かる。

139　人の悩みとアドラー心理学〈交友関係と親子編〉 3章

人生に活きる アドラーの言葉 8

一つのことにうまくいけば、
他のことも
うまくいくものである。
これは、教育にも、
人生の他の面についても
当てはまる。

出典：アドラー『子どもの教育』（アルテ）

一つでも成功を体験することで、
人は他のものごとに挑戦する勇気をもつ！

　これは、おもに子どもに向けたアドラーの言葉といわれています。この言葉に続けて、アドラーは次のように話しています。
「子どもが一つの教科に関心をもって成功を収めれば、他のこともしてみようという気になる」

　アドラーは、子どもたちに対して**「成功を収めることができる教科を見つけること」**を提案していました。どうやって勉強に興味をもつのかは子ども次第です。しかし、子どもの成功が「より広い知識への飛び石」となり、興味をもつように教師が導くことができるのだと、アドラーは考えていました。

　これは教育の現場だけに限らず、すべての人たちに当てはまる言葉です。**人は、成功した体験をもつことによって、自信がもてるようになります**。まずは一つのことで成功体験を得ることにより人は勇気づけられ、他のものごとにもチャレンジする気持ちが湧くものなのです。

　一方で、困難に立ち向かって失敗したときに、**失敗を責めたてて自信を失うような、勇気を減らす行動をしないことも重要**です。アドラーは次のようにも語っています。
「学校で勇気をくじかれない子どもは一人もいない。学校と教師は、勇気をくじかれた子どもの自信を回復させることができる」

　失敗したら「もう一度やってみよう。次はうまくいくから」などと、勇気づける言葉をかけることが大切です。自分自身が困難に立ち向かうときにも、このアドラーの言葉を思い出すといいですね。

人の悩みとアドラー心理学〈交友関係と親子編〉　**3章**

アドラーの素顔 3

56歳から
英語を猛勉強?

　アドラー心理学（個人心理学）を創設したアドラーは、ヨーロッパ中を講演旅行で駆け巡っていました。そのころ、ヨーロッパは第一次世界大戦後の不景気から抜け出せず、反対にアメリカには空前の好景気が訪れていました。ヨーロッパでの講演をくり返すことで、国際的な関心を寄せられていたアドラーは、好景気に沸くアメリカへの講演旅行を決意します。しかしその時点では、アドラーは英語を流暢に話せませんでした。

　このとき、アドラーは56歳でした。多忙なこともあり、英語を学び直すにはなかなか苦労する年齢です。しかし、アメリカでの活動に意欲を燃やすアドラーは、過密スケジュールの合間に英語の猛勉強を始めました。アドラーの元に勉強に来ていたアメリカの精神科医ベラン・ウルフの手助けもあって、ウィーンなまりがありながらも、英語を流暢に話せるようになっていきました。アドラーは英語の腕試しとして、まずイギリスで英語の講演を行って自信をつけ、その後、アメリカに渡って講演を行うことで大きな成功を手にしたそうです。

　アドラーは60歳で自動車の運転免許を取っています。「人間が変わるのに必要な時間は、その人が死ぬ1日か2日前」という言葉を残した通り、自身も何歳になってもチャレンジ精神を忘れなかったのですね。

4章

明日話したくなる
アドラー
心理学の話

アドラーがどんな生涯を歩んだのか、
アドラー亡き後のアドラー心理学はどうなったのかなど、
さまざまなエピソードを紹介。また、アドラー心理学の
5つの基礎理論も改めてこの章で紹介します。

01 アルフレッド・アドラーってどんな人？①

なるほど！ 幼い頃に感じた**劣等感**と**死への恐怖**から、医師の道へ進んだ！

　アドラーは、どのようにして医師となり、アドラー心理学（個人心理学）を生み出したのでしょうか？　彼の生涯を見てみましょう。

　1870年、オーストリア・ウィーンで生まれたアドラーは、商人で中産階級のユダヤ人を親にもち、7人兄弟姉妹の2番目の子どもでした。2歳のとき、くる病で体が思うように動かせなくなります。このとき、明るく活発な兄・ジクムントに抱いた**「劣等感」**が、のちにアドラー心理学の重要な基礎になります。4歳のときに、1歳の弟をジフテリアで亡くし、翌年には自身が重い肺炎で生死をさまよい、奇跡的に回復します。生と死を身近に感じたアドラーは**「わたしは医師になって、死と戦う武器を発見したい」**と決意しました。

　医学の道に進むため、アドラーは9歳でギムナジウム（中高一貫教育校）に入学します。10歳で入学が許されるところ、両親が1歳年齢を足して申告したようです。そのためか勉強についていけず、1年目は落第。父は激怒して「学校をやめて靴職人になれ」とアドラーを脅します。アドラーは一念発起して勉学に励み、その後ウィーン大学の医学部に進学。医学研究より患者の診療を選び、さまざまな経験を積みました。ロシア生まれで知的な女性ライサと出会ったのも学生のとき。ライサと結婚後の**1898年、アドラーは内科**

▶若きアドラーのエピソード

アドラーの一家は大家族で、アドラーは7人兄弟の2番目に生まれた。

学生の頃、苦手な数学で皆が解けない難問をアドラーだけが解いた。その成功体験で数学が得意になり、「努力すれば何でも成し遂げられる」と考えるように。病弱な体を鍛え、活発な若者に育つ。

両親が音楽好きだったこともあり、アドラーは子どもの頃からピアノを弾き、よく歌を歌っていた。アドラーの声はきれいで力強く、人から信頼されるような声の持ち主だったという。

医として診療所を開業しました。

そこで診察した患者に、遊園地で働く曲芸師がいました。彼らは曲芸師の仕事を得るため、体の弱いところが十分に強くなるまで肉体を鍛え上げています。アドラーは彼らを診察するうち、体の弱さに劣等感を感じた人は体を鍛えるなどなんらかの別の手段を求める傾向があることに気づき、これが**劣等感の「補償」**(➡P44)の理論につながります。

当時は、数少ない富裕層に対して、多くの貧困層がいる不公平な時代でした。アドラーは虐げられがちな労働者に、「危険を知ることが、職業病や労働災害の予防への第一歩」などと、アドバイスするようになります。そして、仕立屋が特に不健康で悲惨な生活をしていると知ったアドラーは、**『仕立て職人のための健康手帳』**という本を出版したのです。

02 アルフレッド・アドラーってどんな人？②

なるほど！ 戦地での苦痛な経験から、「共同体感覚」の理論を生み出す！

　内科医として働くアドラーは、患者の悩みに耳を傾け、冗談を交えながらできるだけ優しい言葉で病気の説明をしました。「まるでスクランブルエッグをつくるようにかんたんに患者を治療した」そうです。なかなか治らない患者の病気を調べるにつれ、**内科診療から精神医学、心理学に関心をもちはじめます。**

　そんな折、**アドラーは、フロイトと出会い**、フロイトの心理学勉強会に参加します。勉強会はメンバーが増えていき、「水曜心理学協会」「ウィーン精神分析協会」へ発展。交際上手でメンバーに慕われるアドラーは、勉強会の議長に選ばれました。ふたりとも同じ学校で学んだ医師であり、共通点が多く、最初は互いに相手を尊敬していましたが、**のちに互いの学説の違いから対立するようになり、決別してしまいます。**

　その後アドラーは、「自由精神分析協会」を設立。この頃から、アドラーは仕事中毒というほどに猛烈に働きはじめます。1912年にこれまでの研究をまとめた**『神経質性格』**を出版。この本が広く読まれ、アドラーの研究はアドラー心理学としてヨーロッパ中に広まりました。彼は協会の名前を「個人心理学会」と変更します。

　そんななか、1914年に第一次世界大戦が始まり、アドラーの状

▶ アドラーが「共同体感覚」理論を生み出すまで

アドラーはフロイトと出会い、心理学の知識を深めていった。

1902年	フロイトに誘われ、心理学の勉強会に参加する。
1911年	フロイトと対立し決別。翌年自由精神分析協会を結成。
1912年	これまでの研究をまとめた『神経質性格』を出版。この本のヒットによりアドラー心理学がヨーロッパ中に広まる。
1914年	第一次世界大戦が開戦。アドラーの心理学会の集まりが開けない状況に。
1916年	従軍医師として戦場へ。このときの苦しい経験から、「共同体感覚」の理論を生みだす。

況は一変します。友人は徴兵され、個人心理学会の集まりも開けなくなりました。**1916年にはアドラーも従軍医師として戦場へ行く**ことになりました。

当時の従軍医師の役割は、負傷して病院に送られてきた兵士をできる限り早く前線に送り返すこと。アドラーは、治療を終えた若い兵士を、死の恐れのある戦場へと再び送り出す仕事に苦痛を感じました。眠れぬ夜もあったようです。

この経験から、**「敵対せず、誰もが仲間だと思えれば戦争はなくなる」**とアドラーは考えます。そのような世界をつくることを決意したところから、アドラー心理学の核となる**「共同体感覚」**（➡P14）の理論が生まれたのです。

03 アルフレッド・アドラーってどんな人？③

講義や**著書**を通じてアドラー心理学を広め、**講演会**のために最期まで**世界を飛び回った**！

　1918年、第一次世界大戦が終わり、オーストリアは共和国となりました。戦争で荒廃したウィーンは、急激な物価高騰による貧困、飢餓などの社会問題が蔓延します。そんななか、**アドラーは成人教育施設「人々の会」で心理学を教える**ことをはじめました。この授業でも多くの若者がアドラー心理学に惹きつけられたといいます。

　新しいオーストリア共和国では、国が学校改革に乗り出します。時代遅れの教育が子どもの心理的発達に悪影響を与えていることを訴えていたアドラーは、**子どもに手を焼いている親や教師を助けるため、ウィーンで児童相談所を開きます。**

　アドラーは、問題児に悩む親子の治療のほか、問題児に手を焼く教師への支援も行いました。その方法とは、教師や医師の前で、問題を抱える親子の公開カウンセリングを行うことでした。この手法は広く受け入れられ、教師や医師もアドラー心理学を受け入れていきます。1919年にはウィーンに教育機関を設立し、問題児を診療する教育部門の教員となり、多くの教師に個人心理学を教えました。

　アドラーの講義と公開カウンセリングは他国からも関心を呼び、**アドラーはさまざまな国から講演に呼ばれるようになりました。**イギリスやオランダなどへ講演旅行に行き、さらにアメリカからも講

▶第一次世界大戦後のアドラーの軌跡

ヨーロッパやアメリカを飛び回り、アドラー心理学を広めた。

1919年	ウィーンに最初の児童相談所を開設。
1920年	成人教育施設「人々の会」の心理学講座を開講。のちの弟子ドライカースなどが参加した。
1926年	アメリカを初訪問。ニューヨークからカリフォルニアまでアメリカを横断しながら各所で講演を行った。
1929年	コロンビア大学の客員教授に就任。1932年にはロングアイランド医科大学の医学心理学部の教授に就任。
1935年	妻ライサと子どもたちとともにウィーンを離れ、アメリカ・ニューヨークに移住。

演を頼まれます。大勢のアメリカ人がアドラーの講演を聴きに来ました。ちょうどアメリカで自己改善の本がブームだったので、アドラーの心理学本『**人間知の心理学**』もベストセラーになりました。

アメリカでも多くの支持を得たアドラーは、1929年にコロンビア大学の客員教授に、1932年にはロングアイランド医科大学の教授になりました。アドラーはアメリカの市民権も取得して、アメリカに拠点を置きます。

晩年になってもアドラーは、アメリカとヨーロッパの国々を講演旅行で精力的に飛び回っていました。 そして1937年5月28日、スコットランドで講演前に散歩しているときに突然心臓発作を起こし、帰らぬ人となりました。67歳でした。

人生に活きる アドラーの言葉 9

私が人との協力が必要と理解するようになったのは、他の人と結びついているという感覚による。これが個人心理学の鍵となった。

出典：エドワード・ホフマン『アドラーの生涯』（金子書房）

アドラー心理学の基礎「共同体感覚」は、子どもの頃の経験から培われた。

　アドラーは、アドラー心理学（個人心理学）のはじまりとして、子どもの頃の話をよくしていました。**「思い出す限り、わたしはいつも友人や仲間に囲まれていた」**とアドラーは語っており、実際に近所の子どもたちとよく遊んでおり、友だちは途切れることなく次々にできたそうです。

　左ページの言葉で「個人心理学の鍵となった感覚」とアドラーは語っていますが、この「感覚」とはまわりとの絆やつながりを大切にする「共同体感覚」のことを指します。**同年代の仲間と対等に交わるなかで、アドラーは他人と仲良くできるという自信や、楽観主義を身につけていった**とされます。

　アドラー心理学の肝となる「共同体感覚」については、アドラーが戦争を体験したことにより必要だと思い知ったともされますが（➡P147）、子ども時代からのこうした体験が基盤となっていたといえます。

　アドラーは大人になってからも、友人や仲間に囲まれて過ごしていました。実際に、カフェ・セントラルに友人たちと集まって、哲学、政治、社会、そして噂話を議論することが大好きだったそうです。彼はグループの中でももっとも陽気な人だったそうです。

　このような交際は学生時代にはじまり、ウィーンで開業したあとも、アメリカに移住したあとも生涯変わりませんでした。ウィーン時代は、アドラーはめったに家には帰らず、夜中までカフェで過ごしたとされます。

04 アドラーと フロイトの関係は?

なるほど! アドラーとフロイトは**同じウィーン出身**だが、**学説の対立**で袂を分かつことに!

　アドラーとフロイト。ともに心理学の世界に大きな影響を与えた人物ですが、ふたりの関係をもう少しくわしく見ていきましょう。

　1902年、**フロイトが勉強会にアドラーを誘ったことから、ふたりの関係は始まりました**〔図1〕。フロイトは、アドラーなど何人かの医師に、心理学勉強会へ招待する手紙を送り、この勉強会では「喫煙の心理学」を議論したといいます。

　勉強会はメンバーが増えていきました。アドラーとフロイトは最初は互いに尊敬し合うふたりでしたが、のちに対立します。**アドラーとフロイトの心理学の見解がまったく違っていたため**です。

　フロイトは精神分析において、「リビドー（性欲動）の優位性」が人格の基礎となる理論を組み立てました。一方、アドラーは「劣等感とその補償」が人格の基礎となる理論を展開しました。アドラーの理論はフロイトの理論と対立し、互いに非難し自説を譲りません〔図2〕。結局、1911年にふたりは決別し、のちにアドラーは独立して「個人心理学会」を創立することになります。

　フロイトはアドラーのことを裏切った弟子と思っていましたが、**アドラーはフロイトの弟子ではありませんでした**。あくまで対等な立場の研究者だったのです。

アドラーとフロイトは対等な研究者

▶ フロイトからの手紙〔図1〕

アドラーは、この手紙を晩年まで保管していたという。

> 1902年11月2日
>
> 拝啓
>
> 私の同僚や弟子たちの小さなサークルによる楽しい会合が週1回、夜8時半から私の自宅で開かれています。そこでは私たちの関心事である心理学、神経病理学などのテーマが議論されています。
>
> （略）
>
> 私たちとご一緒していただけませんか。次の木曜日に予定しています。おいでになりたいかどうか、その日のご都合がよろしいかどうか、良いお返事を期待しています。
> あなたの友より心を込めて。
>
> フロイト

出典：アン・フーパー 他『初めてのアドラー心理学』（一光社）

▶ アドラーの理論とフロイトの理論〔図2〕

アドラー

人格は劣等感とその補償が基礎となる。

エディプス・コンプレックスは心理的構造の単なる一部にすぎない

フロイト

人格は「リビドー（性欲動）の優位性」が基礎となる。

アドラーのいくつかの理論は確かに重要だが、リビドー（性欲動）をわきに置くのは精神分析に損害を与えることだ

05 フロイトの心理学？ 精神分析とはどんなもの？

なるほど！ フロイトは**精神分析**を創設。「**無意識**」や「**リビドー**」を研究した！

　心理学勉強会を開いてアドラーと交流。しかし、後に学説の対立からアドラーと決別した精神科医ジークムント・フロイト。フロイトが創設した精神分析とは、どんなものだったのでしょうか？

　フロイトは神経症を研究するなかで、「無意識」の存在に気づきます。「人間の行動は無意識に支配される」と考え、人の心を「意識」「前意識（努力すれば思い出せる層）」「無意識（意識できない層）」に分けて考えたのです。その後フロイトは考えを進めて、心を「**イド**」「**自我**」「**超自我**」に分けて、その力動（人の心の動き）を説明しようとしました〔**図1**〕。イドは、人間の無意識の領域にある欲望。自我は現実的で理性的な判断をする領域。超自我は、良心や道徳的に考える心の働きとしたのです。

　また、**フロイトは人の精神の発達はリビドー（性欲動）の発達がもとになると考えました**〔**図2**〕。そして、誕生から各発達段階を経て、大人になっていくと考えたのです。例えば、男児が無意識のうちに母親に愛着をもち、父親に敵意を抱くエディプス・コンプレックスなどをフロイトは提唱しました。このようにフロイトはさまざまな複雑な概念で患者の心を分析する、「精神分析」をはじめた人物なのです。

精神の発達はリビドーの発達がもとになる

▶フロイトの考える人の心 〔図1〕

人の心の働きは、イド、自我、超自我に分けることができるとした。

イド
「今すぐそれをやりたい」という快楽追求的な欲求で動く。

超自我
「それをやるのは正しくない」という道徳的な制御を行う。

心

自我
現実的で理性的な判断をする存在。

▶リビドーの発達段階 〔図2〕

口唇期（誕生～生後18か月）
授乳やおしゃぶりなど口から快感を得る。満足できなければ、成人後飲食や喫煙など、口からの満足を求めがちに。

肛門期（生後18か月～3歳）
排泄のコントロールで快感を得る。しつけが不適切な場合、いい加減な性格や几帳面な性格など、さまざまな影響があらわれる。

男根期（3～6歳）
子どもの興味が性器に向けられる。親との絆が強すぎると、ファザコンやマザコンになりやすいとされている。

潜伏期（6歳～思春期）
リビドーが抑えられ、興味は交流や知的活動に向けられる。満足できなければ、人間関係が苦手になりやすいとされる。

性器期（思春期～大人）
生殖活動を求め、性的衝動が強まる。これまでの段階を経て大人としての欲求充足ができるようになる。

06 アドラー自身の 子育てはどうだったのか?

なるほど! アドラーには**4人の子ども**がおり、 **主体性を重んじた**子育てをした!

　子育てに関する理論も多く残したアドラー。自身はどんな子育てをしていたのでしょうか?

　アドラーには、3人の娘と1人の息子がいました〔**右図**〕。19世紀は、夫が外に出て働き、妻が家で子育てをして家族の面倒を見るのが当たり前の時代でした。アドラー自身もあまり家事は手伝わなかったそうです。アドラー家の家政婦兼料理人によると、家にいる間もアドラーは本かペンを常にもっていたそうです。

　父親としてのアドラーは、温厚で思いやりがある人で、子どもに言い聞かせるときにも体罰は行わず、理性を用いて子どもを諭す人だったそうです。仕事が忙しくても、子どもが泣いたりしたときはいつでもかまってくれて、勇気づけてくれたといいます。子どもの勉強や、大学の専攻、職業を選ぶときも自分の期待は押しつけず、子どもの主体性を尊重していました。質問があれば時間を見つけて答え、**子どもが興味をもつ姿勢を大切にした**そうです。

　4人の子どものうち、長女ヴァレンティーネは活動家に、三女コルネーリアは舞台俳優になります。次女のアレクサンドラと長男のクルトはアドラーと同じ精神科医の道に進み、アドラーの研究を受け継ぎました(➡P180)。

次女と長男がアドラーの研究を引き継ぐ

▶ アドラーの子どもたち

長女　ヴァレンティーネ

最初に生まれた長女。社会学の博士号を取得。第一次世界大戦をきっかけにオーストリア共産党に入党。夫とともにモスクワに移住。出版社で働くも、スターリンの大粛清に巻き込まれ、獄死した。

次女　アレクサンドラ

次女。ウィーン大学で精神医学を専攻。アメリカに移住後は大学の医学部、アドラークリニックで働き、ニューヨーク大学医学部教授に就任。アメリカアドラー心理学会の会長も務めた。

長男　クルト

三番目に生まれた長男。物理学と医学の博士号をもち、アメリカで精神科医を開業。父親の研究を引き継いでアドラー研究所で働き、著作を残し、海外でも多くの講演を行った。

三女　コルネーリア

末っ子の三女。唯一学者の道には進まず、舞台俳優になる。俳優としてはあまり成功しなかったようだが、アメリカ移住後は幸せな生活を送ったという。

次女アレクサンドラのエピソード

1. 3歳のアレクサンドラは、どうしても父と姉の山歩きについて行きたくて、泣いて頼み、アドラーは彼女を一緒に連れて行くことに。

2. 彼女ははりきって出かけた。途中で花を摘むことになり、しかし彼女はうまく花を摘めない。それが山歩きにふさわしくないことを証明すると思い込み、彼女は取り乱す。

3. 取り乱す彼女に気づき、「花を摘めるかどうかなんて大したことじゃない」とアドラーは声をかけた。これが勇気づけとなり、彼女は父との山歩きが大好きになったという。

※G.J.マナスター他『アドラーの思い出』（創元社）をもとに作成。

07 もっと知りたい！アドラー心理学 ❶
「目的論」とは？

なるほど！ 目的論は、「どうなったらいいか」という未来を考える理論！

　古くから人間は、身の回りの自然現象を理解しようとしてきました。**「目的論」**はその中から出てきた哲学思想です。**「自然のつくるものには目的がある」**という考え方で、例えば、人間の体の各部もそれぞれ目的とする機能のためにできていると考えます。近代科学の発展で台頭したのが**「機械論」**。**あらゆる自然現象を物理学で説明**し、**目的や意志などの心理は考慮しない見方**です。近年では自然界を説明する思想として、機械論が受け入れられています〔**図1**〕。

　心理学の世界では、フロイトは機械論を取り入れた「原因論」を採用しました。「病的な症状には原因がある」といった考え方です。一方のアドラーは、「病的な症状も含めて、すべての行動には目的がある」という「目的論」を採用しました〔**図2**〕。

　原因論は機械の故障のような問題には有効ですが、心の問題では原因を知っても対処できるとは限りません。目的論では、人は追求している目的があるから、行動を起こしていると考えます。目的を調べれば、「この行動の目的は何か」「これからどうするか」と対応策も考えられ、心の問題解決につながりやすいのです。**アドラー心理学では、「どこから」ではなく「どこへ」を見ていきます**。過去は変えられませんが、未来のことは自分の意志で変えられるのです。

「これからどうするか」を考えられる

▶「目的論」と「機械論」の違い〔図1〕

どちらも自然現象を説明する哲学思想。

機械論とは、自然現象は物理学・科学で説明できるという考え方。

目的論
手はものをつかむ目的でつくられた！

目的論はギリシャの哲学者アリストテレスの思想。自然のつくるものには目的があるという考え方。

機械論
リンゴが地面に落ちるのは万有引力が原因だ！

▶アドラーの目的論〔図2〕

目的論のほうが患者の役に立つと考え、アドラーは目的論を採用した。

 例　子どもが学校に行かない…。

「何のために」学校に行かないのか（目的論）	「何で」学校に行かないのか（原因論）
心身を休めたい、親にかまってほしいなど、問題行動の目的を探す。	勉強についていけない、学校での人間関係など、問題行動の原因を探す。
目的がわかれば、対応ができる。	どうしてなのかという原因はわかるが、対応はわからない。

目的論のほうが患者の役に立てそう！

08 もっと知りたい！アドラー心理学 ②
「対人関係論」とは？

なるほど！ 個人の行動を理解するために、
他人との関係に注目するという考え方！

アドラー心理学では、**「人生のあらゆる問題は、対人関係の問題である」**としています。人生の問題（悩み）は、ひとりではなく必ず相手役との対人関係で発生すると考えるためです。

人の行動は、いつも他人と関連した行動といえます。つまりアドラー心理学では、ある個人の行動を理解するためには、その人が相手とどんな関係になっているのかを調べることが必要だとしています。このような考え方を**「対人関係論」**と呼びます〔**図1**〕。

アドラーの活躍した1900年代には、フロイトの精神分析を中心に**「精神内界論」**が普及していました。精神内界論は、個人の精神の内界（心の中の世界）を調べることで、問題の原因をその個人の心の中に見出す考え方です〔**図2**〕。

例えば、カウンセラーが「ついパートナーを怒鳴ってしまう…」という相談を受けたとします。精神内界論では、その人の心の中に問題行動を起こす原因があると想定して、それを除去することを目指します。対人関係論では、悩みを抱える人の個人的な原因探しではなく、パートナーとの人間関係で問題が起こっていると考えます。**精神内界論よりも対人関係論のほうが現実的で、問題の解決につながりやすい**とアドラー心理学では考えるのです。

対人関係論は解決につながりやすい

▶「対人関係論」とは？〔図1〕

ものごとは、対人関係の中に展開しているという考え方。

「あなたが変わると相手も変わる！」

関係を変えることを目指す。

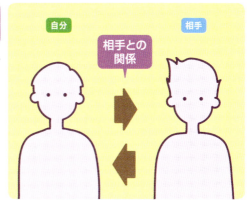

個人の行動を分析するときは、相手とどんな関係なのかを調べる。

▶「精神内界論」とは？〔図2〕

人の行動は、その人の精神の内面に由来するという考え方。

「問題の原因は心の中にある！」

人の心の中を探ることで、問題行動の原因を見つけて、それを取り除くことで解決を目指す。

個人の行動を調べるには、個人の心の中の世界を調べる。

09 もっと知りたい！ アドラー心理学 ③
「認知論」とは？

なるほど！ 人はそれぞれ、**自分の主観でものごとに意味づけをしている**という考え方！

　例えば、テーブルのコップを見たら水が半分入っていたとします。「半分あれば十分」と考える人もいれば、「あと半分しかない」と思う人もいるでしょう。**わたしたちは、自分の認知的枠組みに基づいて世界を見ています。**各人がそれぞれに世界に意味づけをして、そのうえで行動しているのです。アドラー心理学ではこれを**「認知論」**と呼んでいます〔**図1**〕。先の例では、「半分あれば十分」と考えた人はポジティブな人で、「あと半分しかない」と意味づけした人はネガティブな人、もしくは喉が渇いた人などといえそうですね。

　普段の生活では、**意味づけは意識せずに行われています。**アドラー心理学ではこれを自覚させ、客観的に分析します。**この意味づけも、その人自身がもっている目的にそって、その人自身がつくり出したもの**という目的論の視点で考えます。

　例えば、「友だちの欠点にイライラする…」悩みについて、悩みを抱える人の目的と、その人がつくり出した意味づけを考えてみます。この場合は、「友だちと距離を置く」目的のため、意味づけとなりうる「欠点」をつくろうとしていると考えることもできます。**意味づけもその人がつくったものです。**アドラー心理学では、この意味づけも変えられると考えます〔**図2**〕。

162

意味づけは変えられる

▶「認知論」とは？〔図1〕

まわりのものを、自分の主観に基づいて認知しているという考え方。

まわりのものをそれぞれ独自に意味づけするため、ものの見方は人それぞれになる。

▶意味づけを変えるには〔図2〕

「自分はものごとをどのように見ているか」と自問すると、自分の意味づけを知るヒントになり、意味づけを変えるきっかけになる。

ネガティブな意味づけでものごとを見ていることに気づいたら、ポジティブな意味づけに変えてみる！

10 もっと知りたい！ アドラー心理学 ❹
「全体論」とは？

なるほど！ 心も体も、意識も無意識も切り離せず、全部合わせてひとりの人、という考え方！

アドラー心理学では、**人間は統一的で一貫した有機体であり、分割できないひとつながりの全体であると考えています**。これを**「全体論」**と呼びます。

例えば、「勉強をしなくてはならないのに、やる気が起きない」ということがありますね。アドラー心理学では、人間の内部にある意識や無意識が別々に自律的に動くものとは考えず、人間は全体でひとつとします。そのため、金太郎飴や遺伝子のように、どこを切ってもその人の一貫した特徴があらわれると考えます。その人をつくるものは、同じ方向に協力しあって動くのです。

人間の心と体、意識と無意識は単純にふたつに分割したものではなく、**密なネットワークで連携し、つながっている「毛糸玉」のようなもの**です。先の例でいえば、「勉強をやる気が起きない」のは、自分の心と体が一丸となって「勉強をやりたくない」という方向に向かって動いているのだと考えられます。

アドラーは、自分の心理学に「individual psychology」と名付けました。「individual」は「ひとりの人」というより、「分割できない」をあらわします。意味するところは、**「分割できない全体として連なって動いている人間を扱う心理学」**なのです。

分けられないひとつながりの自分である

▶「全体論」とは?

全体論とは、人間は、分割できないひとつながりの全体であるという考え方。フロイトの考え方（➡ P154）との違いを見てみよう。

全体論の考え方	フロイトの考え方

結局「勉強しない」方に傾いている。	無意識で「勉強したくない」と思っている。
するかしないかの二択において「しない」という方向に向かって動いている！	無意識が「勉強をやらない」ように邪魔をしている！

アドラー心理学では、こちらの「全体論」の考え方をとっている！

アドラーの言葉

意識と無意識は同じ方向へと一緒に進んでいくのであり、しばしば信じられているように、矛盾するものではない。その上、意識と無意識を区別するはっきりとした境界線はない。

出典：アドラー『個人心理学講義 生きることの科学』（アルテ）

11 もっと知りたい！アドラー心理学 ⑤
「主体論」とは？

なるほど！ 自分の**人生を選ぶ**のも、その**責任をとる**のも、すべて**自分自身**だ、という考え方！

　古くから人間は、人間の意志や行動を決めるものは何かを考えてきました。その考え方のひとつ**「かたい決定論」**は、人間の意志や自由は機能せず、運命や環境によって決められているという考え方です。また**「やわらかい決定論」**は、かたい決定論と同じく因果関係によって決まりはしますが、人間の意志や自由も介在するという考え方です。かたい決定論は原因論に近く、**アドラー心理学はやわらかい決定論に立っています**〔**図1**〕。

　実際に、選択する自由があるほうが人生は生きやすく、幸せになれるでしょう。アドラー心理学は、**「人間とは主体的なもので、自分で選び、決め、その責任をとる」**という人間観に立ち、これを**「主体論」**と呼んでいます〔**図2**〕。例えば「親戚付き合いが面倒くさい」という悩みがあるとします。かたい決定論では自分の運命だから、面倒だけどしかたないと考えがちです。しかし、やわらかい決定論では主体的に「どうしたいか」を選んで決める余地が生まれるため、「無理につきあわない」という選択肢も浮上します。

　運命を嘆くよりも、選ぶ自由が自分にあると考えたほうが、希望をもって人生を生きやすくなるのだと、アドラー心理学は提案しているのです。

自由な決定が人を幸せにする

▶「かたい決定論」と「やわらかい決定論」〔図1〕

かたい決定論

遺伝や環境などでものごとは決まっていて、自分で決める自由はないという考え方。主体的に生きにくい。

やわらかい決定論

遺伝や環境のほかに、自分の自由意志でもものごとが決められるという考え方。主体的に生きることができる。

▶「主体論」の考え方〔図2〕

人間には主体性があるので、自分で選び、決定し、その責任をとるという考え方。

人は「自分自身という自動車の運転手」に例えられる。人はその自動車を運転する主役で、脇役として助手席に座らされているわけではない。

12 ライフスタイルには どんな分類がある?

なるほど! ライフスタイルを分類して、
人間理解をわかりやすくした!

　人のライフスタイル（➡P20）は、一人ひとり異なるものです。人それぞれ、生きていくなかで独自のライフスタイルを形づくるので、アドラーは**「一本の木にまったく同じ葉を2枚見つけることはできないように、まったく同じ人を2人見つけることはできない」**と言いました。

　とはいえ、アドラー心理学では**ライフスタイルを分類**して考える方法があります。まずはアドラー自身が分類した、**4つのライフスタイルのタイプ**を紹介します〔**図1**〕。

　「有益な人」は、他人の福祉に関心をもち、共通の利益のために協力して働くことができる社交的で活動的な人です。このタイプの人は、自分の問題の解決に成功しやすいとされます。

　他の3タイプは、あまりよくないライフスタイルとされています。**「欲ばりな人」**は強欲型。できるだけ多くのものをむしりとろうとします。**「支配する人」**は他人を支配し、コントロールしようとする人です。**「回避する人」**は敗北を嫌い、リスクを負うのをおそれる逃避者です。これらは、社交性と行動力の度合いで分類されています。

　アドラー派のカウンセラーも、ライフスタイルの分類を使います。

▶ アドラーのライフスタイルの分類〔図1〕

アドラーは「欲ばりな人」「支配する人」「回避する人」は望ましくないライフスタイルとして分類している。

有益な人

社交的で活動的な人。ライフタスクに立ち向かい克服できる。

支配する人

他人を支配し、コントロールしようとする。

欲ばりな人

できるだけ多くのものを手に入れようとする。

回避する人

負けることを嫌い、リスクをおそれて人間関係を避ける。

おもなものとして、**ドライバー(活動家)**、**ベイビー(依頼者)**、**ヴィクティム(犠牲者)**、**エキサイトメント・シーカー(刺激探求者)**、**ブリーザー(ご機嫌取り)**、**コントローラー(統制者)** などがあります（➡P170 図2）。これらがすべてではなく、同じ人がいくつものタイプをもつこともあります。

上記以外のライフスタイルの分類としては、**人間関係を展開するタイプ**（支配、服従、喜ばせ、貢献）、**自分の欲求を追求するタイプ**（刺激、安楽、回避）などがあります。

ライフスタイルはさまざまなタイプがある

▶ライフスタイルの分類例〔図2〕

アドラー心理学では、人をより理解するひとつの手段としてライフスタイルの分類を行っている。これらがすべてではなく、また、同じ人がいくつものタイプをもつこともある。

ドライバー

理想主義者で常にトップを目指す人。活動的で意欲的だが、常に自分が取り組んだものに勝たなければならない、自分は秀でていなければならないと考える。仕事中毒などになりがち。

ベイビー

他人からの保護を求めたり、注目・支持されたりすることが大好きな人。共同体感覚があると仲間とともに楽しむが、共同体感覚が低い場合は他人に依存しがちになる。

ヴィクティム

「わたしは犠牲者だ」という考えをもつ人。自分の不幸を運命や他人のせいにしがち。「わたしは運が悪い」などひがみっぽく、人生に悲観的で希望をもっていない。

エキサイトメント・シーカー

いつも興奮していたい、刺激的な経験をしたいという目標をもつ人。苦手なのは退屈で、より刺激的か否かで人間も評価する。建設的な方向にいけば創造的・冒険的になるが、破壊的な方向にいくと危険なスリルを求める行動をしがち。

ブリーザー

人の評価や承認を常に求める人。人に嫌われたくない気持ちが強く、人を喜ばせたり満足させようとしたりする。建設的な方向にいけば、接客や交渉などで人と人を結びつける人になるが、非建設的な方向にいくと自己を犠牲にしがち。

コントローラー

失敗してはいけないという理想をもつ人。几帳面で秩序にこだわり、リスクを負うのが苦手。建設的な方向にいけば信頼を得られるが、非建設的な方向にいくと、自分にも他人にも厳しく融通がきかない面が出る。

13 ライフスタイルがわかる?「早期回想」とは?

なるほど! 幼少期の印象深い出来事が、ライフスタイルを知る手がかりになる!

アドラー心理学で重視される「ライフスタイル」。これを知る方法のひとつとして**「早期回想」**という手法があります。**「早期回想」とは、子どもの頃に経験した出来事、印象深いエピソードを思い出すこと**をいいます〔**図1**〕。カウンセリングでは、早期回想はその人のライフスタイルが詰まった宝物として大切に扱い分析します。回想の内容は実際にあったことかどうかということよりも、その人が思い出し、語っている内容を重視します。**その人が語る物語には、その人の現在のライフスタイルが反映されるため**です。

アドラーが早期回想を重視するようになったのは、アドラーの5歳のときの思い出によります。学校に行く道の途中に墓地があり、アドラーにとってはこわい場所でした。ですが、同級生たちは楽しそうに通っていきます。アドラーは、自分が勇敢でないことに腹を立てて、こわがることをやめようと決心。墓地に入り、友だちから離れてひとりになり、最初は急いで、次にゆっくり行ったり来たりして、恐怖を克服したと感じられるまで歩き回ったそうです。

アドラーはこの記憶について**「わたしの心の訓練になった。あまり不安になることもなく、死の問題に対してしっかりした気持ちでいるのに役立った」**と語っています〔**図2**〕。

早期回想とは思い出のこと

▶「早期回想」とは？〔図1〕

カウンセラーはクライエントの早期回想を分析することで、その人のライフスタイルを知る手がかりとする。

子ども時代…

1. カウンセラーがクライエントのライフスタイルを知るために早期回想法を実施。

2. 「あなたの一番古くて印象に残っている思い出をお話しください、そのときの気持ちを覚えているようなもの、印象深いものならささいなものでも断片的でもかまいません」と質問する。

3. クライエントの語る思い出を筆記する。その思い出を読み上げ、不十分であれば補足してもらう。

▶5歳のアドラーの思い出〔図2〕

アドラーはおそれがなくなるまで、墓地を歩き回ったという。

アドラーはこの早期回想を通して、子どもでも建設的に不安を克服できることを知ったという。

アドラーの言葉

子どもの頃、腹を立てると軽い無呼吸の発作が起きた。とても苦しかったので、3歳の時に私は怒るのをやめる決心をした。

出典：エドワード・ホフマン『アドラーの生涯』（金子書房）より一部改変

14 生まれる順番が ライフスタイルに影響?

なるほど! 兄弟姉妹の誕生の順番が、
ライフスタイルの形成に影響する!

　家族は、子どもがはじめて知る共同体です。「この世界とはこういうところ」という世界の感じ方、見方を家族の中で形成するのです。そのため、兄弟姉妹の数や生まれた順番などは、**ライフスタイルに大きな影響を与えるとアドラー心理学では考えます**〔右図〕。

　第1子は第2子の誕生で長子としての「王座を奪われる」経験をします。1番の座を守ろうとして保守的になりつつ、高い目標を立てる理想主義者、完全主義者になりやすいといわれます。**第2子**は、第1子と正反対の性格になりやすいとされます。第1子との競争を意識して別の道を生きていくことが多いようです。

　中間子（第1子と末子の間）は、親の愛情を独占できなかったという思いをもち、**圧迫感や疎外感を感じやすいとされますが、自立心も芽生えやすい**とされます。**末子**は甘えん坊とよくいわれますね。親や兄弟姉妹から守られ、努力して自分の地位を得ていないので、**自立心に欠けるが対人関係が上手**です。**単独子**（一人っ子）は末子と似ていますが、**親の性格の影響を受けやすい**とされます。

　必ずしも上記のようになるわけではありませんが、カウンセリングでは兄弟姉妹とどのような関係があって、そこからどのような経験則を学んできたのかを治療のヒントにしています。

生まれる順番が性格に影響する

▶ 兄弟姉妹と性格の傾向

兄弟姉妹の数・誕生の順番は、子どものライフスタイル形成に大きな影響をもつ。あくまで類型であり、そうならない場合もある。

第1子
第2子の誕生で、両親からの注目と愛情が奪われるため、1番の座を維持しようとする。高い理想をもち、リーダーシップをとる機会が多いため、責任感がある。

第2子
第1子に追いつこうという動機が強く、がんばり屋になりがち。第1子と競争しなくてもいいように、第1子と正反対のことをするようになることが多い。

中間子
「親の愛情を独占したことがない」と思いやすく、圧迫感や疎外感をもちやすい。そのため自立心が早く芽生えやすい。現実的で社交的。

末子
努力せずに、親や兄弟姉妹の注目を集められるため、依存心が強い「永遠の赤ん坊」になりがち。ほかの兄弟姉妹を手本にするので、対人関係は上手。

単独子
親の影響を受けやすい。兄弟姉妹がいないため、競争に弱く、対人関係は苦手。独創的で創造的な人が多い。自分は特別という意識をもちやすく、わがままになりやすい。

15 アドラーにとって「死」はこわくなかった?

なるほど！ 子どもを残したり、社会貢献でつながっていくことを考えれば、死はこわくない！

　死は誰もが避けられないことです。アドラーは子どものときに、弟をジフテリアで亡くし、自身も重い肺炎にかかって生死をさまよいました。アドラーが医師になった理由も、自らが死に直面したことがきっかけでした（➡P144）。アドラーは「死」についてどう考えていたのでしょうか？

　アドラーは、死について以下のように語っています。「自分の子どもを残すという形であったり、文明の発達に貢献したということを意識することで、自分の不死を確信している人は、加齢と死を恐れることはない」。**アドラーは、死をこのようにとらえることで、克服していた**のです〔**図1**〕。

　さらにアドラーは、死をおそれる青年との対話で、「人生とよい関係でいるようにしなさい」という言葉を贈っています。そして、「死が避けられない以上、わかりもしない可能性を考えてつらい日々を暮らすよりも、わたしたちがすべきことはとてもたくさんあります」と言葉を続けたそうです。

　死に直面するという、人生最後の課題を乗り越えるためには、**逆に死を受け入れ、すべきことを続けていくことが必要**なのだと、アドラーは考えていたのです〔**図2**〕。

死をおそれる前にやることはたくさんある

▶アドラーの「死」に対する考え方 〔図1〕

アドラーは子孫を残したり、社会に貢献することで、「不死」を意識できると考えた。

アドラーの言葉

加齢と死の恐れは、どちらも自分の不死を確信している人には恐れにならない。自分の子どもという形であったり、文明の発達に貢献したということを意識することで不死を確信するのである。

出典：アドラー『生きる意味を求めて』（アルテ）より一部改変

アドラーは社会貢献などで、死へのおそれを乗り越える考え方を身につけた。

▶死をおそれる青年との対話 〔図2〕

アドラーは、死について考える青年と次のように対話した。

わたしたちがやることはたくさんありますよ！

1
青年は「自分が死ぬことを考えるとこわくないか？」とアドラーにたずねた。

2
アドラーは「人生とよい関係でいるようになさい」と返した。

3
さらに「死は避けられない以上、わかりもしない可能性を考えてつらい日々を送るより、わたしたちがすべきことをなすべきだ」と続けた。

※図2はG.J.マナスター他『アドラーの思い出』（創元社）をもとに作成。

明日話したくなるアドラー心理学の話 **4章**

その時、アドラーは…⑦

Q 盗みをはたらいた若者を更正させた言葉とは？

アドラーのもとを3人家族が訪れました。20歳の息子が盗みをして、3か月の懲役の判決を受けたといいます。そのせいで無気力になった息子を心配し、相談にきたのです。アドラーは、その若者にある言葉をかけて道を示しました。何と言ったのでしょうか？

A 盗みをはたらいたことを後悔していますか？

B 刑務所を出たら、何をしますか？

落ち込んだときには、
将来に思いをはせてみるべき

　アドラーがある家族に行った公開の心理療法でのエピソードです。無気力な若者はアドラーが質問しても返事をしません。両親によると、刑務所に入る若者は何もせず、家でずっと寝ているといいます。

　アドラーは若者に向かって、刑務所に行かねばならないことはつらいことだと語りかけ、次のような質問をしました。

「教えてほしいのですが、あなたは刑務所を出たら何をしますか？」

　長い沈黙の後、**「そんなことは考えたことがなかった」**と若者は答えたといいます。「刑務所にそんなに長くいないので、先のことを考えたほうがいい」とアドラーは言葉を足しました。若者は明日からのこと、未来のことに思いをめぐらせ、背筋を伸ばして椅子に座り直したそうです。ということで、正解はBです。

　警察に捕まり、刑務所に入ることを考えれば、誰もがお先真っ暗になりますよね。盗みをはたらいた若者も、刑務所に入ることで将来が閉ざされたと感じ、自暴自棄になっていました。しかし、**アドラーは刑務所を出た後も人生は続くことを若者に気づかせた**のです。

　アドラーはこんな言葉も残しています。「もし病気が治ったら、どんなことをしたいのかを患者にたずねるといい。その答えは、もしその人に勇気があるならば、本当は生きてみたい人生なのです」。

　わたしたちはいろいろなことを悩むあまり、「本当は生きてみたい理想の人生」を見失いがちです。一度立ち止まって、**「あなたは何をしたいのかね」**というアドラーの言葉を思い出し、自分の目指している理想の未来を思い描いてみるのも悪くはないでしょう。

16 弟子たちが広げた アドラー心理学 ①

なるほど! 戦争により**一時忘れられた**が、**子どもや弟子たちによって再建**された!

アドラーの死後、アドラー心理学はどうなったのでしょうか?

1937年にアドラーは急死します。その翌年に第二次世界大戦が勃発し、人々は心理学どころではなくなってしまいました。さらにアドラー心理学（個人心理学）は、アドラー自身に負うところが大きかったために、**次第に忘れられていきました。**

しかし、**子どもたちとアドラーの弟子たちにより、アドラー心理学は再建されます**〔**右図**〕。アドラーの子どもである**クルト**と**アレクサンドラ**は、精神科医として父親の研究を引き継ぎました。特にクルトはニューヨークのアドラー研究所で働き、多くの著書を残し、海外でもたくさんの講演活動を行いました。

ハインツ・アンスバッハーは、アドラーのセラピーを受けて心理学者となった人物です。ハインツは、妻とともにアドラーの業績をまとめて『アルフレット・アドラーの個人心理学』という本を1956年に出版。世界にアドラーの生涯と理論を再び広めたのです。

ルドルフ・ドライカースもアドラーの生徒で、アドラー心理学を発展させた重要な人物です。世界中で精力的にアドラー心理学の講演や講義、カウンセリングを行って回りました。「不完全である勇気（➡P62）」は、彼の提唱した理論でもあります。

アドラー心理学は弟子によりさらに広まった

▶ アドラー心理学を再建した人たち

第二次世界大戦後、アドラー心理学は再建された。

クルト　アレクサンドラ　アンスバッハー　ドライカース

クルトとアレクサンドラ

クルトはアドラーの長男、アレクサンドラは次女で、どちらも精神科医。クルトはアドラー研究所で働き、海外で講演を行うなど、父親の研究を引き継いだ。またアレクサンドラは、アメリカのアドラー心理学会の会長を務めた。

ハインツ・アンスバッハー

ドイツのフランクフルトからアメリカに渡り、アドラーのセラピーを受けて心理学者になった。ヴァーモント大学の心理学教授に就き、講義や著書でアドラーの業績や理論を紹介。アメリカでの普及に重要な役割を果たした。

ルドルフ・ドライカース

ウィーン出身。精神科医としてアメリカに渡りアドラー心理学を広めた。著書も多く執筆し、『勇気づけて躾ける』というベストセラー本も出版した。

アドラーの言葉

わが子どもたちよ、個人心理学を学んでおきなさい。なぜなら、今から50年後、ほとんどの医者や教師、教育者、人々と関わる者は誰であれ、共通感覚の精神医学の知識なくして実践を行うことはできなくなるのだから。

出典：アン・フーパー 他『初めてのアドラー心理学』(― 光社)

17 弟子たちが広げた アドラー心理学 ②

アドラーの理論は**さまざまな学派**に広がり、**医療〜子育て**など各分野で幅広く展開される！

　アドラーの死後、アドラー心理学は心理学のさまざまな学派に影響を与えました。例えば、新フロイト派という精神分析学の学派は、アドラーの考えの精神分析版と言われたりします。アメリカで発達した人間学派の学者たちもアドラーの影響を認めています。人間性心理学の心理学者のひとりアブラハム・マズローは、**「アドラーの教えは時が経つにつれ、ますます正しいものになる」**という言葉を残しています。

　他にも、さまざまな学派や心理療法にもアドラーの影響がうかがえます。たとえ明言されていなくても、「これってアドラーかも？」という理論がたくさん発見できます〔**図1**〕。アドラー自身も「わたしの名前を誰も思い出さなくなる時がくるかもしれない。それでもかまわない。心理学の分野で働くすべての人が、わたしたちと共に学んだかのように、行動することになるだろうから」と話していたといいます。

　現代では、**アドラー心理学は子育て支援、教育、医療、福祉など、さまざまな形で活かされています**。アドラー心理学を実践する人々は、他の学派の技法もオープンに取り入れ、多彩なアプローチで問題に対処しています〔**図2**〕。

アドラー心理学は現代にも活かされている

▶ アドラーの影響が垣間見れる学派〔図1〕

明言はされていないが、アドラーの影響を受けた学派は多い。

認知行動療法（CBT）

心理療法のひとつ。認知行動療法の開発者であるアーロン・ベックは北米アドラー心理学会員で、アドラーのベーシック・ミステイクの考えを発展させた。

新フロイト派

リビドーよりも対人関係を重視する精神分析の一派。その考え方は、アドラーの対人関係論の深化と言える。「アドラーの考えの精神分析版」と言われることもある。

人間性心理学

アドラーの弟子マズローが提唱した心理学。来談者中心療法のカール・ロジャーズもアドラーの研修を受けた。行動主義心理学、精神分析に続く第三勢力の心理学。

▶ アドラー心理学が実践されている分野〔図2〕

アドラー心理学は、次の分野で活かされている。

心理療法・カウンセリング

心の病気の治療をはじめ、人生相談、職業相談、犯罪矯正などの幅広い分野で、アドラー心理学をもとにしたセラピーを行う。

学校教育

アドラーは教育によって社会を変えることを目指した。アドラー自身の豊富な実践例も参考にされている。

子育て支援

アドラーは子どもの自立をうながす子育てを大切にした。アドラー流のペアレンティングという育児法が普及している。

人生に活きる アドラーの言葉 10

もし、人生の有用な側に
いようとする人ならば、
人の役に立つことを
しないではいられないのです。

出典：G・J・マナスター 他『アドラーの思い出』（創元社）より

人生を有益にすごそうと努力するならば、共同体感覚を育てよう

　この言葉は「どうして人は自分本位な性格になるのか。どうして出世したくなるのか」というテーマについて、アドラーが心理学者マーティン・ロスと議論をしたときに出たアドラーの言葉です。

　アドラーは、「個人がどれほど自己中心的かとか、個人がどれほど出世したいと思う動機は何かとかは、問題ではありません」としたうえで、左の言葉を残しました。**共同体感覚が低いから、人は自己中心的な行動をとるのだ**と、アドラーは言葉に含ませています。

　アドラーは、ライフスタイルのタイプ分けを行った際に、「有益な人」は他人に関心をもち、共通の利益のために協力して働くことができる人だと考えていました（➡P168）。このタイプの人は、社交性も活動力も高い＝共同体感覚が高いため、「人の役に立つことをしないではいられない」のです。

　共同体感覚をもつ人は、人生の有益な面にいようと努めます。勇気をもち、人生の課題に直面しても立ち向かいます。社交的で他人とも協力できます。

　一方で共同体感覚が低い人は、有益なことに取り組むより、無益なことに関わります。勇気を失っており、人生の課題から逃げたり、他人を信頼できなかったり、他人と交わることを避けたりします。こうなってしまうと、人とのつながりから幸せを得ることができなくなってしまいます。人生の有益な面にいるためにも、「人の役に立つことをしないではいられない」というアドラーの言葉を思い出して、共同体感覚を育てていきましょう。

アドラーの生涯がわかる
アドラー年表

1866年
両親のレオポルドとパウリーネが結婚。

1870年（0歳）
オーストリア・ウィーン近郊の村ルドルフスハイムで、7人兄弟姉妹の2人目としてアルフレッド・アドラーが生まれる。

1872年（2歳）
くる病にかかり、体を自由に動かすことができなくなる（のちに回復）。

1874年（4歳）
1歳の弟ルドルフがジフテリアにかかり、亡くなる。

1875年（5歳）
肺炎になり、危うく死にそうになる。医師に「この子はもう助かりません」と言われる。

1879年（9歳）
シュペアルオイムと呼ばれるギムナジウム（中高一貫教育校）に入学。

1881年（11歳）
一家の引っ越しにあわせて、ヘルナルス・ギムナジウムへ転校。この学校で18歳まで学ぶ。

1888年（18歳）
医師を目指してウィーン大学に入学。勉強のかたわら、カフェで友人たちと過ごすようになる。

1892年（22歳）
最初の医師資格試験に合格。同年より半年間の兵役に就く。

1895年（25歳）
最終試験に合格し、医学博士の学位を得る。医師として働きはじめる。翌年2度目の兵役に召集される（半年間）。

1897年（27歳）
政治集会でロシア人のライサと出会い、ロシアのスモレンスクで結婚式を挙げる。

1898年（28歳）
長女ヴァレンティーネが誕生。1901年に次女アレクサンドラ、1905年に長男クルト、1909年に三女コルネリアが生まれる。ウィーンのレオポルドシュタットで自分の診療所を開業。最初の著作『仕立て職人のための健康手帳』を出版。

1902年（32歳）
精神科医フロイトに招かれて、心理学水曜会に参加。

1907年（37歳）
『器官劣等性の研究』を出版。フロイトをはじめ、専門家の注目を集める。

1908年（38歳）
心理学水曜会はウィーン精神分析協会へと改名。1910年にアドラーは会長に就任。

1911年（41歳）
フロイトと対立し、ウィーン精神分析協会を脱退。翌年にかけて支持する仲間たちと自由精神分析協会を設立。

1912年（42歳）
これまでの研究をまとめた『神経質性格』を出版。ヨーロッパ中にアドラーの考え方を広める。

1913年（43歳）
自由精神分析協会を個人心理学会へと改名。1914年に第一次世界大戦が勃発。

1916年（46歳）
軍医として召集され、陸軍病院に配属される。この体験から共同体感覚を重視する。

1919年（49歳）
終戦後のウィーンで、いくつかの児童相談所を設立。

1920年（50歳）
ウィーンの成人教育組織「人々の会」の心理学講座で教えはじめる。

1922年（52歳）
アドラー心理学の総合的書籍『個人心理学の実践と理論』を出版。ドイツで第1回国際個人心理学大会を開催。以後、講演のためにヨーロッパ各地をめぐることになる。

1926年（56歳）
アメリカではじめての講演旅行を行う。

1927年（59歳）
『人間知の心理学』を出版しベストセラーに。1928年に再びアメリカを訪問。

1929年（59歳）
アメリカ・コロンビア大学の客員教授に就任。1932年にロングアイランド医科大学の医学心理学部の教授に就任。

1934年（64歳）
オーストリアでファシズム政権が樹立し、ウィーンの児童相談所が閉鎖される。

1935年（65歳）
アドラー一家はウィーンを離れ、アメリカ・ニューヨークへ移住。

1937年（67歳）
スコットランドで講演旅行中に心臓発作を起こして亡くなる。

さくいん

あ

アイ・メッセージ ‥‥‥80、104、120

愛の課題 ‥‥‥‥28、53、92、112、122

アレクサンドラ・アドラー ‥‥82、107、156、180

アンガーマネジメント ‥‥‥‥‥‥38

アンスバッハー ‥‥‥‥‥‥‥‥180

意味づけ ‥‥‥‥‥‥‥‥‥ 64、162

ヴァレンティーネ・アドラー ‥‥‥156

か

家族会議 ‥‥‥‥‥‥‥‥‥‥‥120

かたい決定論 ‥‥‥‥‥‥‥‥‥166

課題の分離 ‥‥‥‥‥‥‥‥ 114、136

価値低減傾向 ‥‥‥‥‥‥‥‥ 61、86

感情 ‥‥‥‥‥‥27、36、38、40、58

機械論 ‥‥‥‥‥‥‥‥‥‥‥‥158

共同体感覚 ‥‥10、12、14、16、34、74、146、151、185

共同の課題 ‥‥‥‥‥‥‥‥ 114、120

虚栄心 ‥‥‥‥‥50、61、73、84、86

クルト・アドラー ‥‥‥‥‥ 156、180

原因論 ‥‥‥‥‥‥ 52、94、158、166

権力闘争 ‥‥‥‥‥‥‥‥‥➡力

貢献 ‥‥‥‥‥‥‥ 16、42、90、176

交友の課題 ‥‥‥‥‥‥‥28、53、92

コルネーリア・アドラー ‥‥‥‥‥156

さ

自己受容 ‥‥‥‥‥‥‥‥‥‥‥16

仕事の課題 ‥‥‥‥‥‥‥28、53、92

自然の結末 ‥‥‥‥‥‥‥‥‥‥138

嫉妬 ‥‥‥‥‥‥‥‥‥‥‥‥‥58

失敗する勇気 ‥‥‥‥‥‥‥‥‥62

私的論理 ‥‥‥‥‥‥‥‥‥ 76、78

自分への執着 ‥‥‥‥‥‥‥‥‥74

主体論 ‥‥‥‥‥‥‥‥‥ 11、166

承認欲求 ‥‥‥‥‥‥‥‥‥‥‥48

使用の心理学 ‥‥‥‥‥‥‥ 10、54

人生の課題 ‥‥12、20、28、30、53、62、92、107、112、125、185

精神内界論 ‥‥‥‥‥‥‥‥‥‥160

精神分析 ‥‥‥‥ 152、154、160、182

全体論 ‥‥‥‥‥‥‥‥‥‥ 11、164

選択型の子育て ‥‥‥‥‥‥ 132、134

羨望 ‥‥‥‥‥‥‥‥‥‥‥‥‥58

早期回想 ‥‥‥‥‥‥‥‥‥‥‥172

た

対人関係論 ‥‥‥‥‥‥‥‥ 11、160

縦の関係 ‥‥‥‥‥‥‥‥‥ 68、136

力 ・・・・・・・・・・・・・・・・・・・・・ 126、128

注目 ・・・・・・・・・・・・・・・・・・27、126、128

ドライカース ・・・・・・・・・・・・・・ 51、180

な

苦手意識 ・・・・・・・・・・・・・・・・・・・・・・102

認知論 ・・・・・・・・・・・・・・・11、102、162

は

悲観 ・・・・・・・・・・・・・・・・・・・・・・・ 66、99

不完全である勇気 ・・・・ 56、62、71、180

復讐 ・・・・・・・・・・・・・・・・・・・・ 126、129

服従型の子育て ・・・・・・・・・・・・・・・132

不適切な行動 ・・・・・・・・・126、128、138

フロイト ・・・ 146、152、154、158、160、182

補償 ・・・・・・・・・・・・・・・・・・44、58、145

ま

間違いを明らかにする勇気 ・・・・・・・・62

無力提示 ・・・・・・・・・・・・・・・・ 126、129

命令型の子育て ・・・・・・・・・・・・・・・134

目的論 ・・・・・・・・・11、36、52、94、126、

158、162

や

やわらかい決定論 ・・・・・・・・・・・・・・166

ユー・メッセージ ・・・・・・・・・・ 81、104

優越コンプレックス ・・・ 61、70、84、86

優越性の追求 ・・・・・・・・・・・・・・ 42、58

勇気 ・・・・ 12、18、30、56、62、80、83、

88、96、99、107、112、116、141、185

勇気の心理学 ・・・・・・・・・・・・・・・・30

横の関係 ・・・・・・・・・・・・・・・30、68、136

ら

ライフスタイル ・・・・・・ 20、22、24、27、

28、112、168、170、172、174

ライフタスク ・・・・・・・・・・ ➡人生の課題

楽観 ・・・・・・・・・・62、66、99、107、151

リフレクティブ・リスニング ・・・・・・110

劣等感 ・・・ 42、44、46、56、58、61、70、

84、112、131、144

劣等感の補償 ・・・・・・・・・・・・・・・ ➡補償

劣等コンプレックス ・・・ 46、58、61、71

論理的結末 ・・・・・・・・・・・・・・・・・・138

わ

ワークライフバランス ・・・・・・・・・・・92

参考文献

アルフレッド・アドラー『個人心理学講義 生きることの科学』(アルテ)
アルフレッド・アドラー『生きる意味を求めて』(アルテ)
アルフレッド・アドラー『人生の意味の心理学』(アルテ)
アルフレッド・アドラー『人間知の心理学』(アルテ)
アルフレッド・アドラー『性格の心理学』(アルテ)
アルフレッド・アドラー『人はなぜ神経症になるのか』(アルテ)
アルフレッド・アドラー『子どもの教育』(アルテ)
アルフレッド・アドラー『教育困難な子どもたち』(アルテ)

鈴木義也、八巻秀、深沢孝之『アドラー臨床心理学入門』(アルテ)
八巻秀、深沢孝之、鈴木義也『臨床アドラー心理学のすすめ』(遠見書房)
鈴木義也『まんがで身につく アドラー 明日を変える心理学』(あさ出版)
鈴木義也『月刊生徒指導 アドラー心理学で生徒指導 第1回〜第12回
(2016年4月号〜2017年3月号)』(学事出版)
八巻秀監修『アドラー心理学 ―人生を変える思考スイッチの切り替え方』(ナツメ社)

アン・フーパー、ジェレミー・ホルフォード著、鈴木義也訳『初めてのアドラー心理学』(一光社)
エドワード・ホフマン著、岸見一郎訳『アドラーの生涯』(金子書房)
G・J・マナスター 他編、柿内邦博 他訳『アドラーの思い出』(創元社)

野田俊作監修『アドラー心理学教科書』(ヒューマン・ギルド出版部)
岩井俊憲『人生が大きく変わる アドラー心理学入門』(かんき出版)
岩井俊憲監修『サクッとわかるビジネス教養 アドラー心理学』(新星出版社)
梶野真著、岩井俊憲監修『アドラー心理学を深く知る29のキーワード』(祥伝社)
梶野真監修『仕事も人生もうまくいく 実践 アドラー心理学』(ナツメ社)

岸見一郎『アドラー心理学入門―よりよい人間関係のために』(KKベストセラーズ)
岸見一郎『アドラー 性格を変える心理学』(NHK出版)
岸見一郎、古賀史健『嫌われる勇気』(ダイヤモンド社)

野田俊作『性格は変えられる(アドラー心理学を語る1)』(創元社)
野田俊作『グループと瞑想(アドラー心理学を語る2)』(創元社)
野田俊作『劣等感と人間関係(アドラー心理学を語る3)』(創元社)
野田俊作『勇気づけの方法(アドラー心理学を語る4)』(創元社)

向後千春『アドラー"実践"講義 幸せに生きる』(技術評論社)
中野明『アドラーを読み解く 著作から学ぶ個人心理学』(アルテ)
桑原晃弥『人間関係の悩みを消す アドラーの言葉』(リベラル社)
小倉広『アルフレッド・アドラー 人生に革命が起きる100の言葉』(ダイヤモンド社)
小倉広『アルフレッド・アドラー 一瞬で自分が変わる100の言葉』(ダイヤモンド社)

監修者 **鈴木義也**（すずき よしや）

東洋学園大学教授。しまうまカウンセリング・カウンセラー。臨床心理士。公認心理師。個人や家族のカウンセリングを医療や開業で行うかたわら、アドラー心理学を活かした家庭・学校・企業・専門家向けの研修をしている。著書は『まんがで身につくアドラー』（あさ出版）、『アドラー臨床心理学入門』（共著／アルテ）、『臨床アドラー心理学のすすめ』（共著／遠見書房）など。

執筆協力	入澤宣幸、木村敦美
イラスト	桔川シン、堀口順一朗、栗生ゑゐこ
デザイン・DTP	佐々木容子（カラノキデザイン制作室）
校正	西進社
編集協力	堀内直哉

イラスト＆図解 知識ゼロでも楽しく読める！
アドラー心理学

2025年2月20日発行　第1版

監修者	鈴木義也
発行者	若松和紀
発行所	**株式会社 西東社**
	〒113-0034　東京都文京区湯島2-3-13
	https://www.seitosha.co.jp/
	電話　03-5800-3120（代）

※本書に記載のない内容のご質問や著者等の連絡先につきましては、お答えできかねます。

落丁・乱丁本は、小社「営業」宛にご送付ください。送料小社負担にてお取り替えいたします。本書の内容の一部あるいは全部を無断で複製（コピー・データファイル化すること）、転載（ウェブサイト・ブログ等の電子メディアも含む）することは、法律で認められた場合を除き、著作者及び出版社の権利を侵害することになります。代行業者等の第三者に依頼して本書を電子データ化することも認められておりません。

ISBN 978-4-7916-3374-6